CÓMO DESARROLLAR MATERIALES PARA EL APRENDIZAJE EN CASA Y EL COLE

PILAR ROMERO ESPINOSA

saralejandria
ediciones

Del texto:
Pilar Romero Espinosa

Perfil profesional:
Instagram: @la_profle_licorne
Tiktok: @la_profle_licorne

Diseño de edición:
Elena Torres Andrés

De la presente edición:
Grupo Sar Alejandría S.L

Edita:
Saralejandría Ediciones

ISBN: 978-84-10105-26-3
Depósito Legal: CS 221-2024

A mi hijo y mi marido por ser mi motor. A mi madre, mi segunda madre, mis tres hermanas y mis sobrinos por estar siempre ahí. A mis "suegris" y "cuñaitos". A mis niñas que son familia, haya distancia o no. A mi familia y amigos por seguir en mi camino. A mi piña.

¿QUIÉN SOY Y CÓMO HE LLEGADO HASTA AQUÍ?

Me llamo Pilar, nací en el mes de las flores, en el año 1986, en la pequeña y acogedora ciudad de Almería. Siempre he sido una persona con ganas de sonreír a la vida, de ver el lado positivo de las cosas, con ganas de ayudar a los demás y dejar huella en el camino.

Cuando tenía unos cinco o seis años, comencé a poner tanto a mis muñecos como a los de mis hermanas, delante de mí y en fila para enseñarles a leer y escribir y siempre lo hacía hablando en español, pero pronunciando el sonido "r" como lo hacen las personas francesas (había visto una película en la que hablaban así y me encantaba imitarlo). Me podía pasar horas y horas y, en un abrir y cerrar de ojos, ya había pasado el tiempo de juego.

Un día vi una película que me marcó para siempre, *Matilda*, quien era una niña con muchas ganas de aprender, pero con una familia que no le daba los recursos necesarios ni le daba importancia a su educación. De repente, aparece en su vida una maestra con vocación y con ganas de ayudar a prosperar motivando a su alumnado y, por otro lado, otra maestra que no le gustaba su trabajo, ni los niños y niñas, y que le daba igual que ocurriera en su futuro. En ese preciso instante, mi corazón empezó a latir tan fuerte que vi claro lo que quería ser en el futuro, una maestra de las que se preocupaban por sus alumnos/as, para enseñarles mientras disfrutaban de lo que hacían, y no solo por obligación, que vieran que todos/as y cada uno/a serían capaces de llegar a ser lo que quisieran, siempre que creyeran en ello y lo intentaran.

Continué mis estudios, cursando la E.S.O. y bachillerato, donde siempre mi asignatura favorita fue francés, ya que disfrutaba de cada contenido que nos impartían.

Llegó el momento de realizar la selectividad y la gente me preguntaba que si sabía qué iba a estudiar una vez la superara, y la verdad es que siempre tuve claro que quería ser maestra, pero no

ÍNDICE

CAPÍTULO 1:

LA IMPORTANCIA DE LA MOTIVACIÓN.

CAPÍTULO 2:

DESCUBRE Y NAVEGA A TRAVÉS DE LAS PALABRAS.

CAPÍTULO 3:

JUEGOS MATEMÁGICOS: DESBLOQUEANDO EL MISTERIO DE LOS NÚMEROS.

CAPÍTULO 4:

AVENTURAS A TRAVÉS DE LA SOCIEDAD Y LA NATURALEZA.

CAPÍTULO 5:

EL IDIOMA EN JUEGO.

CAPÍTULO 6:

DESPIERTA LA IMAGINACIÓN A TRAVÉS DE LA CREATIVIDAD.

tenía tan claro qué especialidad iba a escoger. Y ahí es cuando entra en juego mi madre; mi salvadora. Veía que dudaba tanto que me recordó que yo siempre quería hablar en francés desde pequeña y que, en el instituto se me había dado muy bien, así que me dijo: «¿Por qué no haces Magisterio de Francés?», y decidí hacerle caso, y fue una de las mejores decisiones que tomé nunca.

Una vez que acabé la carrera y vi que no había oposiciones de francés, decidí realizar el módulo de grado superior "Técnico en Educación Infantil". Y una vez terminado, comencé mis oposiciones que, aunque las aprobé, no me dio tiempo a ejercer ya que implantaron el francés en Educación Primaria en Andalucía, y entré a trabajar directamente, por lo que ya llevo ocho cursos siendo maestra de primaria y especialista de francés.

Me encantan las manualidades, así que comencé a preparar material hecho a mano por mí para mis clases, y mi alumnado siempre estaba encantado con ello. Descubrí que los docentes compartían sus recursos por redes sociales, así que, además de crearlos, también empecé a usar los recursos de otros compañeros/as, que me venían genial para los contenidos de trabajo en el aula.

Llegó una pandemia que hizo que recurriera a más aplicaciones y tecnologías que antes ni conocía, y comencé a hacer diferentes cursos de creación de materiales y a investigar por mí misma para hacer las cosas lo más adaptado posible a mi alumnado y mis clases (no todo lo que encontraba por las redes era exactamente lo que necesitaba para mis clases).

En octubre de 2021, fui mami de un pequeño principito que hizo que viera más allá de donde podía imaginar y tuve mucho tiempo para pensar y darle rienda a mi creatividad, por lo que decidí que, al igual que gente que no me conocía de nada había compartido desinteresadamente sus creaciones conmigo, yo también iba a hacerlo con ellos/as. Me creé una cuenta en las redes sociales exclusiva para mostrar lo que yo hacía y, por si les servían a los demás, compartiendo recursos, anécdotas y todo lo que iba surgiendo.

Y pensaréis… ¿Cómo has llegado a escribir un libro? Una respuesta muy sencilla, lo primero de todo, gracias a la editorial Sar Alejandría que vio algo en mí y me propuso hacerlo, y lo segundo, porqué dije sí casi sin dudarlo, que os voy a detallar a continuación.

Durante los años que llevo trabajando como maestra, me he encontrado con diferentes tipos de familias, alumnado y maestros/as y, eso me hace ver que, todavía hay gente que, o bien no domina las nuevas tecnologías (Internet, redes sociales, etc.), o simplemente les gusta más tener un formato en papel, y desarrollan un buen gusto por la lectura porque se manejan mejor de esta forma. Además, es un libro super visual en el que se ven claros los diferentes materia-

les manipulativos que se pueden hacer para motivar a un/a niño/a que no tiene interés por alguna materia en general o, por algún tema en particular. Este libro es para esas personas, para todo aquel o aquella que quiera aprender a crear, a motivar y a sentirse satisfecho/a, ya sean familias o docentes.

Y termino con la frase que siempre les digo a mis niños/as: «Recuerda que para aprender hay que equivocarse y, para ello, hay que intentarlo».

CAPÍTULO 1

LA IMPORTANCIA DE LA MOTIVACIÓN

«El término motivación se deriva de la palabra latina movere que significa mover. La motivación representa el proceso que despierta, activa, dirige y sostiene el comportamiento y el rendimiento. Puede verse también como el proceso de estimulación de las personas a la acción para lograr una tarea deseada. Una persona está motivada cuando quiere hacer algo». (Orhan, Çetin y Aslan, 2011)

Tras varios años recorriendo distintas provincias como maestra y diferentes centros de primaria en los que me encontré con una gran diversidad en el alumnado y numerosas diferencias de ámbito, contexto, culturas, tradiciones, etc., he podido observar que la única cosa en común en todos y cada uno de ellos es la desmotivación en algunos/as alumnos/as. No es igual de numerosa en todos los lugares, pero sí que puedo decir que siempre hay. Esto no significa que la motivación tenga que ser siempre la misma para todos, sino todo lo contrario, ya que de la misma manera como hay diferentes ritmos de aprendizaje, también hay diferentes motivaciones. Es decir, no siempre funciona lo mismo en todo el alumnado, sino que hay que adaptarse a las circunstancias que se vayan dando dependiendo del alumno/a al que se quiera motivar.

En mi opinión, hay dos tipos de motivación: la motivación que se realiza para que el alumno/a se sienta satisfecho de realizar una actividad y lograr su objetivo y, por otro lado, la motivación que se realiza para obtener una recompensa por dicho logro (refuerzo positivo).

Lo primero que hay que hacer para saber qué tipo de motivación debemos dar a nuestro alumnado es realizar una especie de cuestionario sobre sus gustos, para conocerlos mejor, algo así como un «todo sobre mi», y esto no es nada más ni nada menos que una ficha llamativa en la que preguntemos varias cosas personales del alumnado para conocerle mejor, con dibujos o imágenes que representen lo que preguntamos. Por ejemplo: ¿Cuál es tu color favorito? Y para responder, el dibujo de un lápiz de color, o de una lata de pintura, etc.; ¿Cuál es tu comida favorita? Y para responder, un plato, o un salvamanteles, etc. Y así sucesivamente con cualquier pregunta que se quiera averiguar

como por ejemplo cuáles son sus gustos, sus hobbies, su canción favorita...

Una vez tengamos la información necesaria, tomaremos las distintas decisiones oportunas de qué tipo de motivación creemos que será necesaria. Esto no significa que si nos decantamos por una no podamos usar también la otra, sino que simplemente hay que decidir por cuál se va a empezar.

Para que se pueda dar el primer tipo de motivación, tiene que causarles interés, curiosidad y ganas de investigar más sobre el tema, explorarlo y dentro de todo ello, manipularlo. Además, puede suponer un desafío o un reto que tenga ganas de superar para satisfacer simplemente esa curiosidad (aprendizaje basado en retos).

Con este tipo de motivación, los estudiantes tienen que ser participativos y estar dispuestos en cada momento a realizar lo que se les pide; es decir, tienen que estar receptivos (con ganas) a cualquier actividad, investigación o reto que se les propongan.

Su premio es el mero hecho de aprender, de poder usar los conocimientos en su vida cotidiana.

¿A qué me refiero con aprendizaje basado en retos? Pues a resolver un problema que esté relacionado con el entorno de nuestro alumnado, en el cual se puedan sentir identificados, y lo vean útil para su vida diaria. Ellos/as son los protagonistas de su propio aprendizaje, ya que el papel del docente es guiarles en ese proceso.

Los pasos a seguir en este aprendizaje son los siguientes:

- ◇ Elegir un tema que sea del interés de los estudiantes como por ejemplo los ODS (Objetivos de Desarrollo Sostenible) entre los cuales está el reciclaje o el medioambiente en general (muy a la orden del día) o, por ejemplo, los hábitos saludables.

- ◇ Realizar una lluvia de ideas con posibilidades de realizar alguna actividad para solucionar algún problema que haya a su alrededor como, por ejemplo, la contaminación del medioambiente o la falta de higiene que hay en clase, o la mala alimentación con relación a sus desayunos para el colegio, etc.

- ◇ Propuesta del reto en sí, en el cual, para dar soluciones, deberán usar los ordenadores para realizar una investigación. Por ejemplo, se puede proponer realizar un material informativo para la mejora de los hábitos saludables, como un tríptico (folleto informativo), un *lapbook* (tarjeta interactiva con información, juegos e imágenes mostrada de forma divertida y visual), un decálogo de los hábitos saludables, etc.

- ◇ Difundir las posibles soluciones a través de alguna herramienta social tipo "Padlet", o del blog del colegio para que lo puedan ver el resto de los estudiantes del centro, etc.

- ◇ La evaluación de todo el proceso y autoevaluación del alumnado: El maestro/a evaluará el proceso de la realización del reto y, además, el alumnado se evaluará a ellos/as mismos dicho proceso (si ha sido efectivo, si ha habido algún error, si puede mejorar algo, etc.). Hay varias formas de realizarla, como por ejemplo con dianas de evaluación, que además son muy visuales y divertidas. Es muy importante que reconozcan tanto los aciertos como los errores y propongan de forma positiva las posibles soluciones.

Dentro del papel de guía del docente o de la familia, tenemos diversas herramientas motivacionales que podemos usar para captar el interés requerido en los estudiantes y su correspondiente participación en su propio aprendizaje.

Algunas de las herramientas o técnicas que podemos utilizar son las siguientes:

FLIPBOOK: Es una especie de libro animado compuesto por una serie de bloques que se sobreponen unos a otros. Estas imágenes suelen representar secuencias de eventos o conceptos relacionados con un tema específico. Los *flipbooks* pueden presentarse en forma de libros de papel, tarjetas o incluso como recursos digitales interactivos. Pueden también contener información escrita o elementos gráficos para colorear, escribir o pintar que estén dedicados a mejorar la motricidad fina y la caligrafía. Son geniales para presentar la teoría de forma divertida.

FOLDABLES: Son organizadores de contenido de tipo interactivo que se suelen usar para motivar al alumnado en las libretas, con información teórica de las asignaturas, o como juego manipulable en plástica, dependiendo de la imaginación y creatividad que tenga cada persona.

LAPBOOKS: Una cartulina grande a la que se le van añadiendo elementos que se puedan ir manipulando. Las posibilidades que se nos presentan son infinitas, pues dependerán de la imaginación de profesores y alumnos. Se puede comenzar por formatos y plantillas básicas para luego ir evolucionando con mayor libertad y creatividad. Así, podemos destacar: desplegables, forma de flor, bolsillos, ruedas, ruletas, *flipbooks*, *pop-ups*, etc.

FICHAS INTERACTIVAS (LIVEWORK-SHEETS, WORDWALL, ETC.): Pueden hacerse online a través de las páginas citadas anteriormente, o pueden hacerse para pegarlas en la libreta y manipularlas. Para los alumnos es más motivante cuando las hacen por Internet, ya que pueden hacerlas individualmente, por parejas o grupos.

FICHAS REUTILIZABLES: Son fichas con contenidos educativos, según las necesidades de cada asignatura, que se hacen a través de una funda de plástico y con rotuladores borrables como, por ejemplo, la palabra del día (decir todo lo que se conozca de una palabra), el número de la semana (decir todo lo que se conozca de un número), etc.

RUEDA: Dos cartulinas en forma de círculo superpuestas entre sí. A la superior le quitamos una sección angular (como un trozo de queso), dejando a la vista una parte de la cartulina de abajo. Según giramos la rueda superior, podemos ver diferente información que se muestra en esa parte descubierta de la cartulina inferior. A menudo se usa para explicar teoría o procesos e ir pasando de una fase a otra.

RULETA: Es una cartulina en forma de círculo en la que puede haber diferentes letras, dibujos, números, etc. y una flecha justo en el centro que se pueda girar. Con este material se pueden trabajar diferentes temas a través de actividades para aprender o repasar vocabulario, como el bingo, la comprensión lectora, la clasificación de palabras, etc.

LIBROS MANIPULATIVOS: Es un libro llamativo, de hojas plastificadas normalmente, donde el protagonista suele ser el velcro para poder manipular y pegar en

un sitio u otro, además también se pueden hacer actividades para resolver con rotuladores borrables, etc.

PANELES INTERACTIVOS: Son pósteres plastificados para pegar con masilla, cinta adhesiva o el material que se quiera y se suele pegar en la pared o pizarra, o en su defecto un corcho. Es una actividad de clasificación, para practicar un contenido y aprenderlo de manera divertida. Por ejemplo, para clasificar las palabras en agudas, llanas y esdrújulas.

FLASHCARDS: Son cartas de imágenes, que pueden ir acompañadas del nombre o no, y se utilizan para realizar juegos manipulativos para aprender vocabulario. Son muy típicas en el aprendizaje de idiomas.

ESTACIONES DE APRENDIZAJE: Las estaciones de aprendizaje se definen como un área en la que los estudiantes trabajan solos o acompañados usando materiales específicos del área/asignatura para explorar y expandir sus capacidades. Un lugar donde la diversidad de actividades refuerza su autoestima a través de actividades que les motivan o, extienden el aprendizaje sin que exista el control total del docente. Son muy útiles para repasar una unidad de una manera divertida.

ESCAPE ROOMS: Están relacionados con alcanzar objetivos de aprendizaje específicos en un ambiente de colaboración. Es decir, los acertijos, pistas, enigmas y actividades deben estar relacionados a un objetivo de aprendizaje. El objetivo puede ser conseguir lograr unas pruebas en un tiempo determinado para salir de una habitación, o alguna historia inventada como que *el Principito* pueda llegar a la Tierra.

Los pasos a seguir para realizar una gamificación en el aula:

◇ Elegir el hilo conductor apropiado, es decir, el tema en base a los intereses del alumnado.

◇ Seleccionar los objetivos que se pretenden conseguir, ya que una vez lo hayamos hecho, lo vamos a convertir en los objetivos para el juego.

◇ Establecer unas normas para realizar el juego que nos permitan disfrutar del proceso.

◇ Diseñar los retos que queremos que supere nuestro alumnado.

◇ Escoger las recompensas que obtendrán una vez logren superar el juego que le hemos propuesto.

◇ La evaluación de todo el proceso y la autoevaluación del alumnado: El maestro/a evaluará el proceso de la realización del reto y, además, los alumnos se evaluarán ellos/as mismos dicho proceso (si ha sido efectivo, si ha habido algún error, si puede mejorar algo...). Hay varias formas de realizarla, como por ejemplo con dianas de evaluación, que además son muy visuales y divertidas. Es muy importante que reconozcan tanto

los aciertos como los errores, y propongan de forma positiva si existen posibles soluciones.

Algunas de las herramientas que podemos utilizar para la gamificación son las siguientes:

GENIALLY: una multi herramienta con diversos contenidos pensados para gamificar el aula. Permite crear presentaciones, infografías, pósteres, catálogos e imágenes de forma sencilla e intuitiva. Además, se pueden realizar *escape rooms* en ella de manera digital, etc.

KAHOOT: Se crean preguntas con máximo de 4 posibles respuestas. Consiste en dos plataformas: una donde el docente podrá buscar Kahoots ya creados para reutilizarlos o bien crear el suyo propio (https://kahoot.com/) y otra para los alumnos (https://kahoot.it/), donde accederán para poder participar en el Kahoot creado por el docente. Esta herramienta permite crear un *ranking* en base a las respuestas correctas, fomentando la motivación de los alumnos.

PLICKERS: Es una aplicación de gamificación con realidad aumentada. El docente introduce las preguntas en la web de Plickers, donde puede organizarse por cursos y asignaturas. Las preguntas son de respuesta "si/no, verdadero/falso o marcar la respuesta correcta entre un máximo de cuatro" y el alumno tiene que levantar una tarjeta con el código que considere correcto el cual es escaneado por el/ la profesor/a (estas tarjetas se descargan gratuitamente de la web y es mejor plastificarlas para que nos duren años).

QUIZIZZ: Permite crear, reutilizar y compartir cuestionarios. Más aún, los alumnos pueden participar de ella en tiempo real o a través de tareas con fecha y hora de entrega. A su vez, proporciona funciones para enviar los test a otros profesores y para rastrear los resultados de los estudiantes y enviarlos en PDF.

QUIZLET: Es una de las herramientas para gamificar más exitosas. En particular por sus conocidas *flashcards* (tarjetas de vocabulario). De hecho, proporciona un sinnúmero de genuinos packs para ayudar a los alumnos a repasar los conceptos de clase de forma divertida. Al respecto, permite utilizar las tarjetas creadas por otros estudiantes o docentes, o hacer tus propios packs de una forma fácil. Posteriormente, las *flashcards* se pueden convertir en un juego de preguntas y respuestas.

BRAINSCAPE: Es una de las mejores plataformas de gamificación con tarjetas de aprendizaje. Con *Brainscape* se puede trabajar online desde su Web o descargar su App. Se trata de una plataforma que permite buscar, crear y compartir juegos de "flashcards" o tarjetas digitales. Además, esta herramienta almacena una gran cantidad y variedad de tarjetas acordes a diferentes temáticas como: ciencias, humanidades, artes, matemáticas, etc. a las cuales podemos acceder para utilizar en nuestra aula.

CLASS-DOJO: Consiste en un entorno online multiplataforma donde el docente puede crear diferentes aulas. En ellas, alumnado y profesorado pueden gestionar las diferentes tareas habituales dentro del aula. De manera que los alumnos irán sumando puntos después de cada tarea o acción realizada correctamente. Mediante este sistema de puntos e insignias se va creando un *ranking* en cada aula que aporta un nivel de motivación extra a los alumnos.

CLASSCRAFT: Es una herramienta para convertir la clase en un juego de rol educativo *online* en el que tanto alumnado como profesorado juegan juntos. Está basado en las características de los juegos modernos donde los estudiantes pueden evolucionar sus personajes en base a sus comportamientos, subiendo de nivel, trabajando junto a sus compañeros y ganando poderes que tienen repercusión en el mundo real. El juego consigue gamificar la clase trabajando los contenidos propios de cada asignatura y consiguiendo transformar el proceso de enseñanza y aprendizaje hacia una experiencia más lúdica y motivadora para el alumnado durante todo el curso escolar.

BREAKOUT EDU: Es una actividad en la que el alumno/a tiene una misión que superar. El reto está en abrir o desbloquear unos candados o una caja cerrada para resolver una serie de acertijos o pruebas. Una característica que lo hace más interesante es que son temáticos; detrás se esconde una historia para conectar con los alumnos y, por tanto, hay unos personajes, unas pruebas y recompensas relacionadas con la historia que hace que el alumnado se enganche.

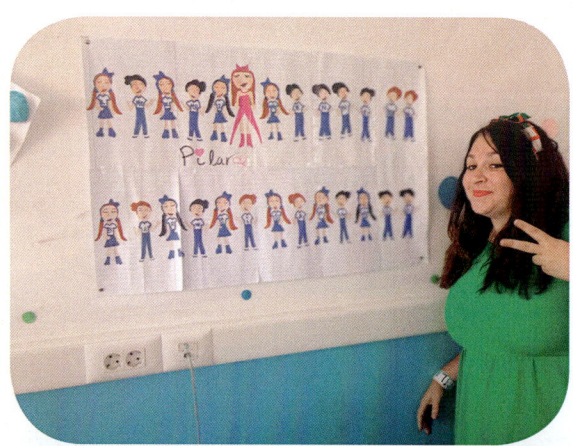

Para que exista una buena motivación, deberemos mezclar ambas mediante la creación de recursos que atraigan al alumnado, ya sea de manera digital o manual. No hace falta obtener necesariamente un manejo experto con los ordenadores o las aplicaciones, ya que un mismo recurso se puede realizar en distintos formatos, por lo que, a continuación, iremos viendo los diferentes recursos que podremos realizar en distintas asignaturas. El material que yo creo para mis clases ha sido realizado en su mayoría con la herramienta "Canva", pero esto no significa que no se puedan realizar todos y cada uno de ellos con cartulinas, folios, lápices, colores, tijeras o cualquier material que se nos ocurra ya sea dibujando, usando imágenes que busquemos en Internet, recortes de revistas o periódicos, u otros soportes.

CAPÍTULO 2

DESCUBRE Y NAVEGA A TRAVÉS DE LAS PALABRAS

La enseñanza de la lengua en la Educación Primaria es fundamental para el desarrollo completo del alumnado ya que proporciona las bases necesarias para la comunicación efectiva, la comprensión lectora y la expresión escrita. La importancia de tratar este aprendizaje de manera activa y participativa se ve resaltada mediante el uso de materiales manipulativos e interactivos. Estos recursos no solo capturan la atención de los niños y las niñas, sino que también fomentan un aprendizaje activo, estimulando la exploración y la comprensión profunda del lenguaje.

Los materiales manipulativos, como las tarjetas con imágenes y los juegos de palabras, entre muchos otros, permiten a los estudiantes interactuar esencialmente con el contenido lingüístico, facilitando la asimilación de conceptos y reglas gramaticales. A su vez, las herramientas interactivas como las aplicaciones educativas y las plataformas digitales ofrecen experiencias inmersivas que hacen que el aprendizaje de la lengua sea atractiva y relevante para la vida cotidiana de los niños y niñas.

Al agregar estos recursos en la Educación Primaria, se logra una educación que va más allá de la simple comunicación de conocimientos, favoreciendo el desarrollo de habilidades lingüísticas de manera activa y divertida. Esto hace atraer el interés y la motivación de los estudiantes, estableciendo una base sólida para un buen dominio del lenguaje a lo largo de su trayectoria educativa y más allá.

Vamos a partir de que el aprendizaje de lengua es la base para el aprendizaje del resto de áreas, por lo que debemos comenzar a indagar en recursos motivadores para las distintas modalidades que nos encontramos. Tenemos que conocer la realidad que nos rodea para poder comunicarnos los unos con los otros. Si no somos capaces de comprender una lengua ni los enunciados de una actividad, ya sea oral o escrita, no sabremos realizar esa actividad. Lo fundamental antes de aventurarnos a explicar las demás áreas es profundizar en cada una de las categorías que nos encontramos en el área de lengua y dentro de cada una, proponer recursos tanto en formato digital, físico e interactivo.

Las categorías en las que nos vamos a centrar son: Expresión oral, expresión escrita, comprensión lectora, plan lector, gramática, ortografía y vocabulario.

A continuación, veremos varios recursos que podemos realizar en cada una de las categorías.

EXPRESIÓN ORAL

No todo el mundo tiene un buen manejo para expresarse oralmente, por lo que podemos usar varias estrategias a través de unos recursos sencillos y que hacen que el alumnado se suelte con más facilidad y no le tema a expresarse delante de los demás.

BOTE PREGUNTÓN

MATERIALES:

◇ Necesitaremos un bote no muy grande (a ser posible, de plástico o pasta y si es reciclado mejor).

◇ Para decorar ese bote, podemos usar pegatinas, vinilos adhesivos, etc. Pero si no tenemos nada de eso a mano, nos basta con un trozo de folio y rotuladores para escribir el título: "Bote preguntón" y un poco de cinta adhesiva para pegarlo al bote.

◇ Folios cortados en trocitos, pueden ser blancos o de colores.

DESARROLLO:

Primero decoramos el bote. A continuación, podemos diseñar en "Canva", "Genially", "PowerPoint" o a mano las preguntas que deseamos meter en el bote. Luego, doblaremos una a una cada pregunta y la meteremos en dicho bote. Y,

por último, cada alumno/a irá cogiendo una pregunta y contestándola. Lo podemos usar como dinámica de presentación, con preguntas para conocer a nuestro alumnado o que se conozcan entre ellos/as, podemos repasar contenidos de un tema, de una forma divertida entre varios, e incluso el que responda adecuadamente, saca el papel y le pregunta a quién quiera o tomarlo como una lluvia de ideas, hacer preguntas sobre un tema que se va a comenzar a ver y, a través de las preguntas, saber hasta dónde saben o conocen ese tema.

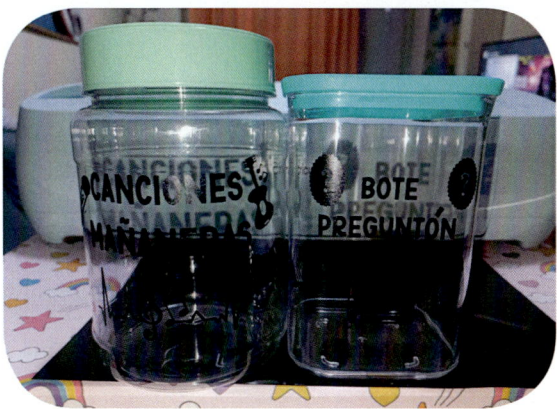

TABLEROS DE PREGUNTAS

MATERIALES:

◇ Plantilla del tablero (puede ser ya impresa, se puede realizar desde cero desde un folio, se puede crear a través de la herramienta que más se maneje, o hacerlo sobre un tablero que se tenga ya en casa, etc.)

◇ Dado pequeño.

◇ Fichas para jugar.

DESARROLLO:

Se puede realizar individualmente, en parejas o en grupos. El primero tira el dado y dependiendo de donde caiga, moverá su ficha hasta allí y contestará a la pregunta correspondiente. Deberán recorrer todo el tablero hasta llegar a la meta.

Se puede usar para repasar cualquier contenido de lengua y además viene genial para desarrollar las habilidades sociales (saber interactuar con los compañeros/as), además de poder trabajar las emociones como, por ejemplo: ¿Cómo te sientes cuándo hablas delante de los demás?, ¿Crees que tus compañeros/as te respetan?, o di 3 cosas positivas que creas que tienes, etc.

TARJETAS DE EXPRESIÓN

MATERIALES:

◇ Tarjetas ya hechas, o realizadas con alguna herramienta, o hechas a mano con cartulinas cortadas en rectángulos o cuadrados pequeños, pero del mismo tamaño.

◇ Caja o recipiente para meter las tarjetas.

DESARROLLO:

Se puede hacer de forma individual, por parejas o en pequeños grupos, pero es más interesante cuando se hace en gran grupo en el aula. El alumno/a saca una tarjeta y habla sobre el tema que se le propone, ya sea de repaso de un área, de una emoción, o de cualquier cosa que se quiera trabajar.

EXPRESIÓN ESCRITA

Es muy importante motivar al alumnado a escribir y a expresarse de una manera adecuada, y para ello hay que practicar de todas las maneras posibles de forma que disfruten haciéndolo. A continuación, vamos a ver varios recursos que son populares entre mi alumnado y que seguro también lo serán entre el vuestro.

CREADOR DE HISTORIAS

MATERIALES:

◇ Ficha para crear historias con personajes, lugares y cosas y dados a un lado y a otro.

◇ Dados.

DESARROLLO:

En este caso, una mano inocente o el docente tirará cada dado (personaje/s, lugar/es y cosa/s) y lo que salga será igual para cada alumno/a, es decir, sobre los mismos datos. Todos escribirán una historia inventada con los elementos que hayan salido. Se puede hacer también por parejas y que el compañero/a tenga que continuar la historia por donde la ha dejado el anterior

Tira un dado y crea una historia con los elementos que te toquen.

		PERSONAJE	LUGAR	MOMENTO	PROBLEMA
⚀			UN BOSQUE ENCANTADO	UN DIA DE VERANO	UN AMIGO NECESITA AYUDA
⚁			UN GRAN CASTILLO	AL ANOCHECER	SE ESCAPA LA MASCOTA
⚂			EN EL FONDO DEL MAR	EL DÍA DE NAVIDAD	SE ENCUENTRA UN MAPA
⚃			EN UNA CAMPO LLENO DE FLORES	EN PRIMAVERA	NO SABES NADAR
⚄			EN LA CASA DE PAPA NOEL	AL SALIR DE PASEO	NO PUEDES VOLAR
⚅			EN UN PLANETA LEJANO	VOLANDO POR EL CIELO	ENCUENTRAS UN PERRITO

ESCRITURA CREATIVA

MATERIALES:

◇ Fichas con pequeñas escrituras acabadas, sin acabar, escritas en un folio, con imágenes, etc.

◇ Bolígrafo o lápiz.

◇ Imaginación y creatividad.

DESARROLLO:

Hay muchas formas de presentar una escritura creativa, como explicar una lectura y pedir que escriban un final alternativo, narrar una lectura sin acabar y pedir que la acaben, introducir una situación cotidiana y pedir que escriban sobre ella, como, por ejemplo: «Te vas de excursión con la clase al zoo. Explica qué vais a hacer durante el día en el zoo» o, dependiendo del nivel: «Observa las imágenes y escribe varias oraciones que estén relacionadas con ellas», etc.

PIENSA QUE ERES UN ASTRONAUTA Y VAS A VIAJAR A UNO DE LOS PLANETAS DEL SISTEMA SOLAR. DESCRIBE A QUÉ PLANETA IRÍAS, QUÉ LLEVARÍAS, ETC.

FICHAS TEMÁTICAS

MATERIALES:

◇ Herramientas tipo "Canva" o "Genially" para realizar las fichas deseadas.

◇ Folios y lápiz por si se quiere realizar sin herramientas y hacerlo a mano alzada.

DESARROLLO:

Se trata de realizar la expresión escrita a través de fichas que tengan la forma o estén tematizadas con la unidad o situación de aprendizaje que se esté trabajando. Por ejemplo, para aprender a entrevistar a una inventora, se pueden realizar diversas fichas con forma de mujer, con la escritura de los pasos a seguir, el guion, las preguntas, etc. Si hemos de trabajar las instrucciones dentro del tema de las olimpiadas, podemos realizar una ficha sobre algún deporte que les guste, como el fútbol, y hacer las fichas con la silueta de un futbolista para dentro explicar paso a paso las instrucciones de un juego en el área de educación física. Si el tema fuera la alimentación, se podrían hacer las instrucciones para realizar un pastel dentro del contorno de un pastel, etc.

La entrevista

Entrevista a:

_____

- ¿Cómo se llama? _____.
- ¿En qué lugar nació? _____.
- ¿Cómo fue su infancia? _____
_____
_____
- ¿Realizó algunos estudios? _____
_____
- ¿Qué le inspiró a convertirse en inventora? _____
_____
- ¿Este ha sido su primer invento? _____
_____
- ¿Cómo surgió la idea de este invento ? _____
_____
- ¿En algún momento le ha afectado el hecho de ser una mujer ? _____
_____
- ¿Tiene alguna idea para un próximo proyecto? _____
_____
- Para finalizar ¿Qué le diría a las niñas que en el futuro quieren dedicarse a la ciencia? _____
_____

Imagen

ESCRITURAS CON RULETAS

MATERIALES:

◇ Ruleta tipo Ikea o Aldi.

◇ Ruleta hecha de cartulina y un encuadernador en el centro con una flecha para poder girarlo.

◇ Dibujos o palabras para poner en cada apartado de la ruleta.

◇ Folio y lápiz o bolígrafo.

DESARROLLO:

Primero se pegan con velcro los dibujos de personajes, lugares y cuentos a los apartados que hay en la ruleta. A continuación, un alumno/a al azar gira la ruleta varias veces y apunta en la pizarra dichas palabras. Y finalmente el alumnado se inventa una historia con las palabras que han salido.

COMPRENSIÓN LECTORA

Es muy importante saber lo que se lee, y para ello hay que practicar mucho y coger el manejo a las comprensiones lectoras. No tienen por qué ser siempre lecturas que lleven justo después a responder preguntas, porque a veces, al ser rutinario, puede cansar o aburrir. Podemos entrenar la comprensión a través de algunos recursos, como los que se presentan a continuación.

PANELES LECTORES

MATERIALES:

◇ Panel con el dibujo deseado.

◇ Dibujos para añadir al panel.

◇ Velcros o masilla adhesiva.

◇ Tarjetas lectoras.

◇ Plastificadora y plásticos.

DESARROLLO:

Primero creamos un panel con un dibujo, como, por ejemplo, un paisaje de una ciudad con un edificio de varios pisos. A continuación, buscamos las imágenes que queremos superponer en el panel, si queremos trabajar con el vocabulario de las profesiones, por ejemplo, buscaremos dibujos de las diferentes profesiones, si queremos trabajar con vocabulario de Halloween, buscaremos dibujos de Halloween y así con cualquier temática. Luego realizaremos las tarjetas de comprensión lectora sobre el panel. Y por último lo plastificaremos todo y pondremos velcro o masilla donde corresponda poner a los personas o cosas elegidas. Por último, ya se puede jugar con las comprensiones lectoras; por ejemplo: Hay un bombero en el segundo piso apagando el fuego, delante de la puerta hay un cocinero, al lado del árbol hay un policía, etc., y el alumnado una vez que lea la tarjeta, deberá coger la imagen correspondiente y situarla en el lugar que les marca.

El bombero está apagando un fuego en la tercera planta del edificio, en la primera ventana que aparece a la izquierda.

El hombre está en la planta baja del edificio, en la ventana de la derecha.

La lombriz feliz con su manzana, está en la charca de barro que hay delante del edificio.

La sombrilla está en la arena que pega en la playa, justo en el centro de ella.

LECTURAS COLORIDAS

MATERIALES:

◇ Folios.

◇ Contorno de dibujos sin colorear.

◇ Lectura sobre cómo hay que colorear el dibujo.

◇ Colores.

DESARROLLO:

Realizar una lectura sobre cómo colorear un dibujo en concreto y colocar, en la misma hoja, el dibujo para colorear. Por ejemplo: Ponemos el dibujo de una bruja y, en el texto ponemos: La bruja tiene un gorro negro y morado, su cuerpo es verde y su vestido es morado rojo, además tiene unos zapatos amarillos y azules, etc. El alumnado deberá colorear a la bruja tal y como indica el texto.

LECTÓMETRO

MATERIALES:

◇ Mural tematizado del lectómetro con los personajes de cada alumno/a.

◇ Muñecos tematizados para colocar al lado del personaje del mural de cada alumno/a con los libros que se vayan leyendo.

◇ Ficha de recuento de libros individual tematizada.

◇ Ficha de resumen de la lectura tematizada.

DESARROLLO:

Primero, se elige una temática, por ejemplo, *los Pokémon* y se inventa el nombre: "Pokelectómetro". Segundo, se realiza un mural con papel continuo o cartulinas donde pongamos un apartado para cada alumno/a; por ejemplo, una "Pokéball" con sus nombres. Tercero, se elige el personaje que van a poder pegar con el TÍTULO de los libros que se vayan leyendo, como, por ejemplo Pikachu y se decora el resto del mural. Cuarto, se realiza una ficha de recuento de los libros que se vayan leyendo "Pokerecuento" con muchos personajes de Pikachu sin colorear, para ir coloreando conforme se vayan leyendo algún libro. Quinto y último, se realiza una ficha para que el alumnado escriba el resumen del libro que se ha leído, el autor, la editorial, etc., donde podremos comprobar que realmente se han leído ese libro. El que más libros se haya leído o los tres primeros que se hayan leído más libros, podrán obtener la recompensa que se decida.

TABLAS LECTORAS

MATERIALES:

◇ Ficha de una tabla donde se recojan diferentes ámbitos de la lectura: velocidad, precisión, entonación y comprensión.

◇ Ficha de lectura con palabras numeradas.

◇ Preguntas sobre la lectura.

DESARROLLO:

Realizar una tabla tematizada con los diferentes datos lectores que se quieran recoger. A continuación, elegir una lectura atractiva para el alumnado y numerarlas. Luego, le realizaremos en un minuto una prueba para que lean lo más rápido posible con una buena fluidez lectora y recogeremos los datos. Y, por último, le realizaremos las preguntas necesarias sobre lo que han leído.

GRAMÁTICA

En este apartado, estudiamos dos aspectos de la palabra: por un lado, la morfología (cómo se forman y clasifican las palabras) y, por otro lado, la sintaxis (el orden de las palabras en estructuras gramaticales según sus reglas…). Para hacer más entendible esto, existen varias herramientas que nos permiten estudiarla de forma más amena y divertida, ya que la presentación es muy importante para que exista una buena motivación.

Fluidez lectora. Evaluación Inicial

Nombre:	Velocidad	Precisión	Entonación	Comprensión	Nota

"FLIPBOOK" GRAMATICAL

MATERIALES:

◇ Plantilla Flipbook diseñada con herramientas o a mano.

◇ Pegamento.

◇ Colores.

◇ Tijeras.

DESARROLLO:

Realizamos la plantilla del "Flipbook", que es una especie de libro animado compuesto por una serie de bloques que se sobreponen unos a otros, se puede hacer con forma de rectángulo, cuadrado, etc. Primero, hacemos el más grande donde, en la parte superior, cogemos el filo para pegar el siguiente. En la parte de abajo se escribe el dato a resaltar, y en medio se escribe la información del dato que hemos resaltado. El siguiente cuadrado se hace un poco más pequeño, dejando la parte de arriba para pegar el siguiente, la parte de abajo para resaltar otro dato relacionado con el anterior y, la parte del medio, para escribir los datos sobre el dato resaltado, y así sucesivamente hasta que quede uno más pequeño y sea el último. Haremos tantos como apartados necesitemos. Por ejemplo, podemos usar el "Flipbook" para clasificar las palabras en determinantes numerales, determinantes definidos e indefinidos, determinantes posesivos o determinantes demostrativos.

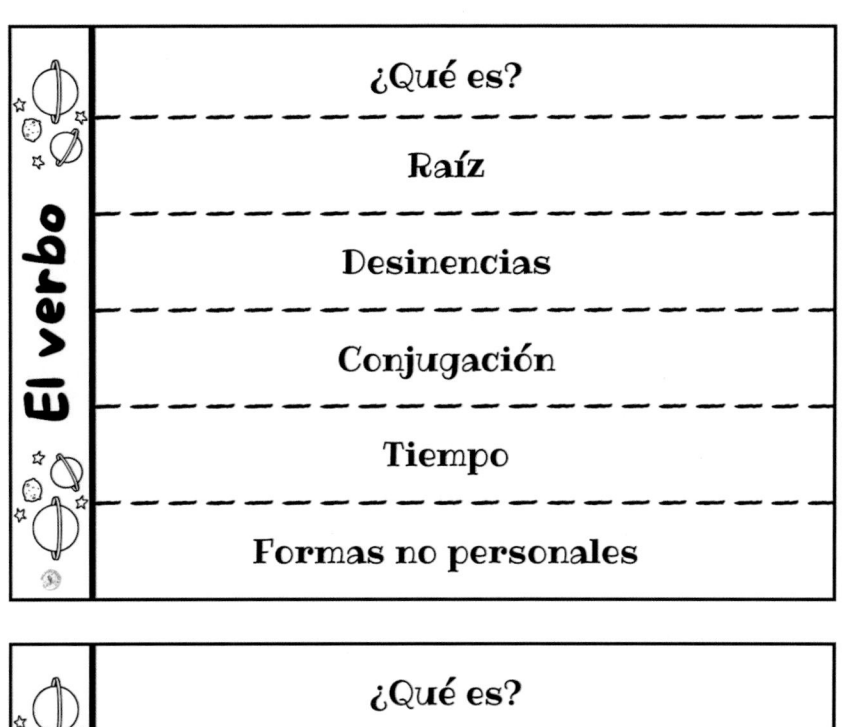

El verbo

¿Qué es?

Raíz

Desinencias

Conjugación

Tiempo

Formas no personales

El verbo

¿Qué es?

Raíz

Desinencias

Conjugación

Tiempo

Formas no personales

"FOLDABLE" GRAMATICAL

MATERIALES:

◇ Imagen deseada.

◇ Rectángulo.

◇ Colores.

◇ Tijeras.

◇ Pegamento (opcional por si se pega en un cuaderno o donde se quiera)

DESARROLLO:

Primero, se realiza un rectángulo del tamaño que se considere oportuno y se coloca en el medio de la hoja, dejando márgenes a los lados para insertar la imagen. Después, se corta la imagen justo por la mitad y se pone medio lado en la parte izquierda y el otro medio en la derecha. En el rectángulo, se escribe la parte de la gramática deseada, como, por ejemplo, información de los verbos. Se recorta todo el contorno seguido de la imagen y el rectángulo y se dobla hacia adentro, de forma que quede la imagen unida en una y la información dentro (para que sea más fácil podemos doblar en abanico o acordeón desde fuera hacia dentro).

Plantillas para foldables

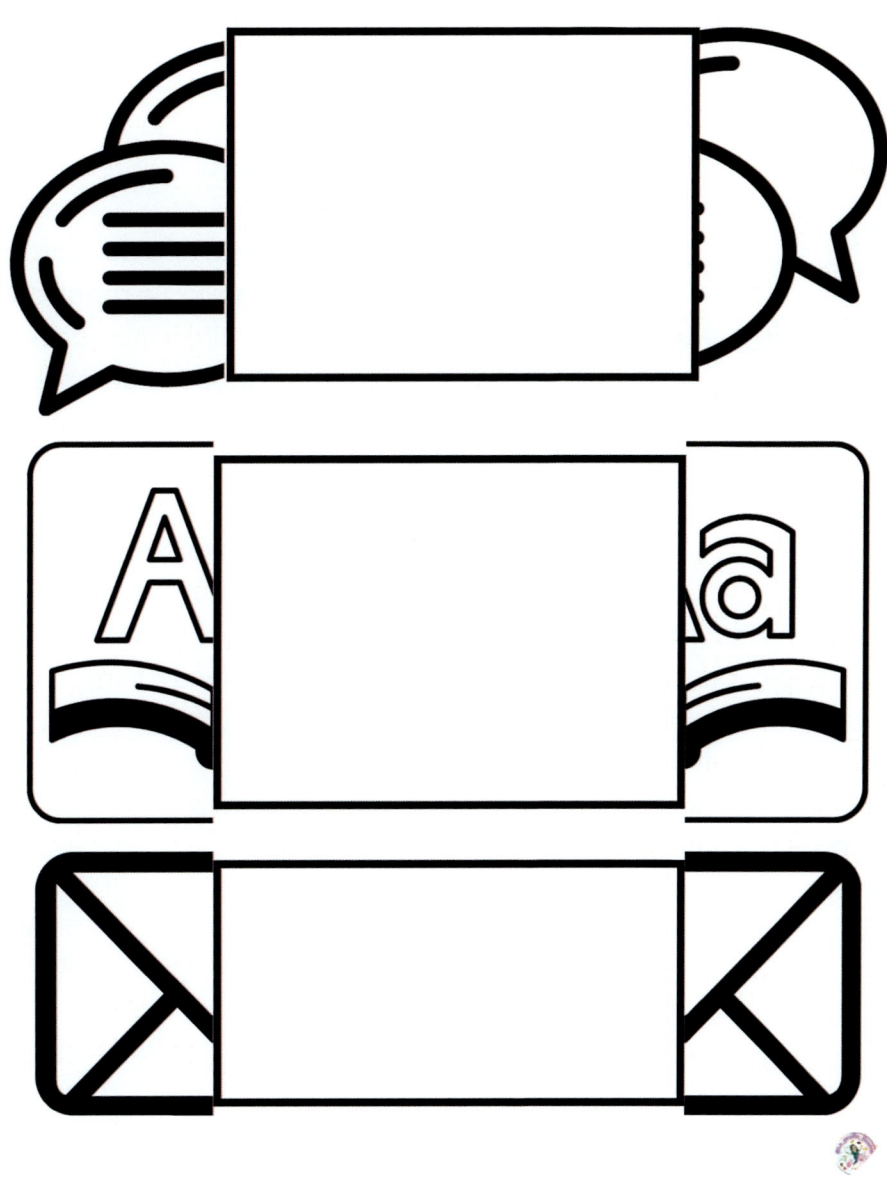

PANELES INTERACTIVOS GRAMATICALES

MATERIALES:

◇ Folios.

◇ Diseño de paneles, digital o manual.

◇ Plastificadora con plásticos o cinta adhesiva.

◇ Velcro o masilla.

DESARROLLO:

Se realiza el diseño de cada panel interactivo. Por ejemplo, con la temática de fútbol, podemos hacer unos paneles con un campo de fútbol y titularlos en cada uno un tipo de adverbio (de tiempo, de lugar, de modo...) para plastificar (o con plastificadora o con cinta adhesiva). Por otro lado, se crean camisetas de papel de jugadores y se escriben ejemplos de adverbios para clasificar (mucho, allí, etc.) Se ponen los velcros adhesivos a las camisetas y, a cada panel, la otra parte del velcro, o en su lugar, se puede usar masilla adhesiva.

El juego con este tipo de material es muy divertido y sencillo. Se reparten las camisetas con los diferentes adverbios a los alumnos/as (individualmente, en parejas o en grupos) y se colocan los paneles en una pizarra, en un corcho, o en la pared...

Luego, se activa un cronómetro para calcular cuánto les cuesta colocarlos correctamente en el menor tiempo posible. Quién lo realice en el menor tiempo, ganará.

ORTOGRAFÍA

Es un conjunto de normas que regulan la escritura de la lengua. Forma parte de la gramática normativa ya que establece las reglas para el uso correcto de las letras y los signos de puntuación. Además, permite organizar y expresar las ideas de manera clara y precisa, evitando malos entendidos y confusiones en la comunicación.

CURAS ORTOGRÁFICAS

MATERIALES:

◇ Paneles de la temática que más motive al alumnado sobre reparar algo. Puede ser de hospital, de una enfermería de algún lugar, servicio técnico (reparación de ordenadores, móviles, etc.), de un taller mecánico, del box de carrera de coches, etc.

◇ Fundas de plástico o plastificadora con plásticos.

◇ Rotuladores de pizarra.

◇ Borrador o toallita.

DESARROLLO:

Se hace un panel para colocar las palabras que estén mal escritas, y otro panel donde se corrijan y escriban adecuadamente. Seguidamente, se pueden introducir en una funda de plástico o plastificar. A continuación, se colocan en un corcho o pared donde se pueda ver bien durante todo el curso. Por último, se utiliza con rotulador de pizarra. Cada vez que un alumno/a escriba mal una palabra, tiene que colocarla en el panel de reparación y, posteriormente escribirla correctamente en el otro panel, que se quedará fijo, para que puedan escribirlas al final de su cuaderno y realizar su apartado de "palabras curadas".

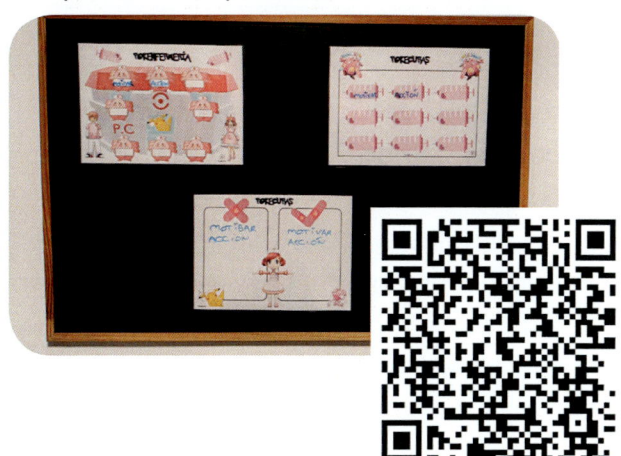

RULETA ORTOGRÁFICA

MATERIALES:

◇ Ruleta tipo Ikea, Aldi, o hecha a mano.

◇ Dibujos sobre la misma regla ortográfica plastificados.

◇ Velcro adhesivo.

◇ Tablas de clasificación o libreta.

DESARROLLO:

Se elige la regla ortográfica que se desee trabajar, como, por ejemplo: palabras con *mp* o *mb*. Se escogen varios dibujos pequeños que contengan palabras con mp o mb como, por ejemplo: vampiro, campo, tambor, bombero, etc. Se plastifican y se pone un velcro detrás del dibujo y otro en la ruleta y se colocan uno en cada espacio. Una persona al azar gira la ruleta y la palabra que salga hay que clasificarla en la tabla en el lugar de mp o en el lugar de mb, según corresponda.

Además de las tablas, podemos decir que escriban una oración, que se inventen una historia... dependiendo del nivel del alumnado.

"FOLDABLE" DE LOS SIGNOS DE PUNTUACIÓN

MATERIALES:

◇ Plantilla del "foldable".

◇ Tijeras.

◇ Colores.

◇ Pegamento.

◇ Bolígrafo o lápiz.

DESARROLLO:

Se recorta el "foldable" por todo el contorno, incluyendo dibujo y rectángulo. Se colorea y se escribe, si es necesario, lo que va en su interior (reglas de los signos de puntuación). A continuación, se dobla de tal forma que lo que se vea sea el dibujo unido, y se pega la parte de abajo al cuaderno, mural, etc.

PANELES INTERACTIVOS: AGUDAS, LLANAS Y ESDRÚJULAS

MATERIALES:

◇ Tres paneles interactivos, uno para cada tipo de palabra.

◇ Dibujos con palabras agudas, llanas y esdrújulas.

◇ Plastificadora y plásticos.

◇ Tijeras.

◇ Velcros o masilla.

DESARROLLO:

Realizar los tres paneles con la temática que guste, por ejemplo, del personaje de "El principito", uno que ponga agudas, otro que ponga llanas y otro que ponga esdrújulas y plastificarlos. Coger dibujos, por ejemplo, de asteroides y escribir palabras que sean agudas, llanas y esdrújulas y plastificarlos, recortarlos y ponerle velcros o masilla adhesiva, al igual que en los paneles. Se colocan los paneles en la pizarra, el corcho o la pared. Luego, se entregan los asteroides al alumnado (individual, parejas o pequeños grupos) y se activa el cronómetro para ver cuánto tiempo tardan en colocar bien las palabras. El que menos tarde, es el que gana el juego.

VOCABULARIO.

Gracias a la adquisición del vocabulario, nos es más fácil el aprendizaje de las demás actividades relacionadas con la lengua como la escritura, la lectura, la composición, etc. El nivel del habla y expresión del alumnado va a depender del léxico que adquiera, ya que cuanto más vocabulario conozca y maneje, mejor sabrá hablar y expresarse.

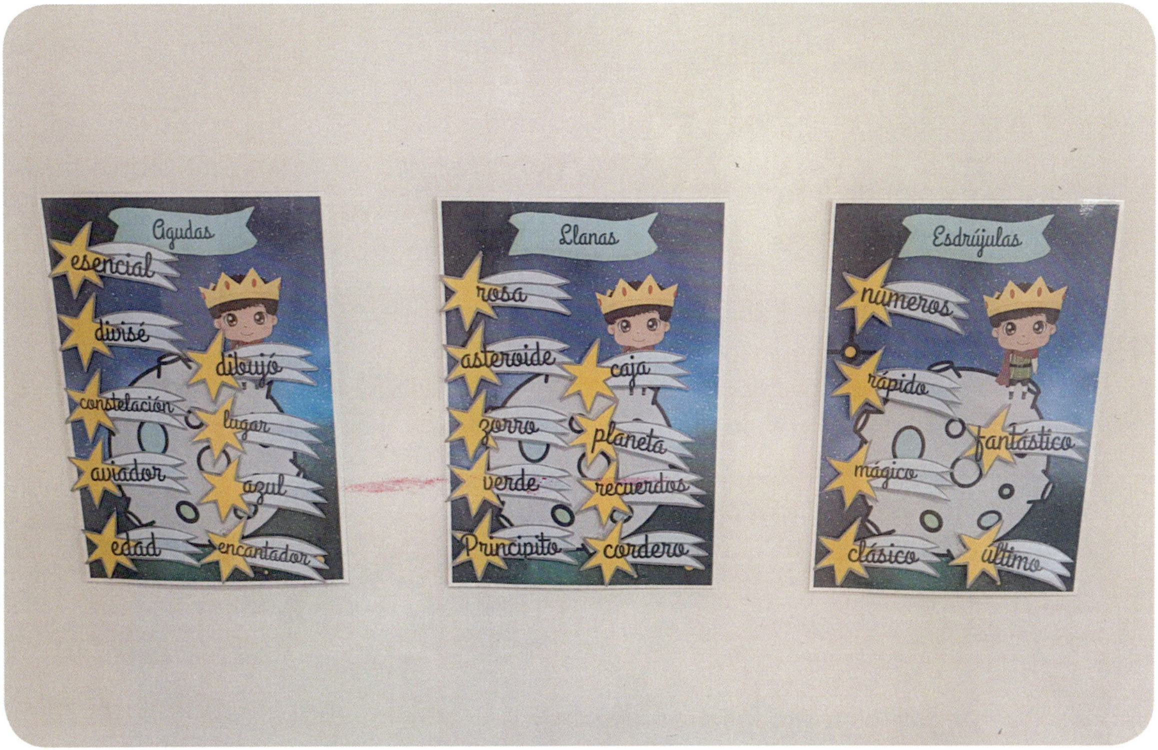
Agudas
esencial
divisé
dibujó
constelación
lugar
aviador
azul
edad
encantador
Llanas
rosa
asteroide
caja
zorro
planeta
verde
recuerdos
Principito
cordero
Esdrújulas
numeros
rápido
fantástico
mágico
clásico
último

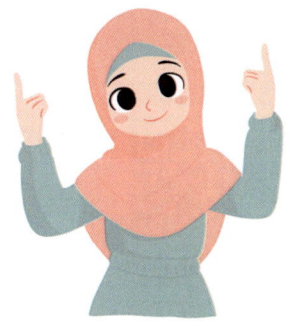

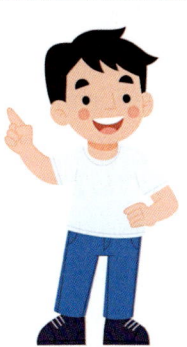

¡KABOOM!

MATERIALES:

◇ Palitos de polo de madera planos (Pueden ser de colores).

◇ Preguntas o dibujos realizados en folios para poner después en los palitos.

◇ Palabra "kaboom" o dibujo de una bomba para poner en algún palito (dependiendo de la dificultad que se quiera poner).

DESARROLLO:

Una vez que pegamos tanto las preguntas o dibujos como los "kaboom" a los palitos, los ponemos en algún bote, caja, bolsa, etc. Al alumno/a que le toque coge un palo sin mirar y responde a la pregunta que le haya tocado o dice la palabra del dibujo que ha salido. Si lo acierta, se queda con el palo, si falla, deja el palo en su sitio y, si le aparece la palabra "kaboom" o el dibujo de la bomba, tiene que devolver todos los palos que había ganado hasta el momento. Gana quién más palos haya obtenido. Se puede hacer individual, por parejas o grupos.

LA PALABRA DEL DÍA

Materiales:

◇ Plantilla de la palabra del día en hoja DIN-A3 para colgar en un corcho en la pared.

◇ Plantilla en hoja DIN-A4 para cada alumno.

◇ Plantilla para colocar las palabras que vamos conociendo, o libreta.

◇ Funda de plástico.

◇ Rotuladores de pizarra.

◇ Borrador o toallita.

DESARROLLO:

Se propone una palabra nueva a descubrir cada día. Puede ser alguna palabra del tema, o incluso coger una aplicación como "Wordle", buscar la palabra y luego analizarla en el tablón de A3 con el docente e, individualmente en el suyo pro-pio de A4 que meterán en una funda de plástico y lo harán con rotulador de pizarra. En esa plantilla, pondremos la palabra elegida y, a partir de ahí, tendremos que anotar cuántas sílabas tiene y cómo se llama según sus sílabas, en qué lugar se acentúa y cómo se llama según dónde se acentúa. Entre todos, diremos qué puede significar la palabra, diremos qué clase de palabra es y luego la buscaremos en el diccionario, pensaremos en un sinónimo y un antónimo y, por último, realizaremos una oración que contenga dicha palabra. Una vez analizada la palabra al completo, la colocaremos en un tablón de palabras nuevas o en un apartado de la libreta.

La palabra del día

¿Qué tipo de palabra es según su nº de sílabas?

- Monosílaba
- Bisílaba
- Trisílaba
- (Polisílaba) ← marcada

Divide la palabra en sílabas

| MO | TI | VA | CIÓN | |

¿Qué tipo de palabra es según su acentuación?

- Aguda ☒
- Llana ☐
- Esdrújula ☐

MOTIVACIÓN

Clase de palabra

- (Sustantivo) ← marcada
- Adjetivo
- Verbo
- Adverbio
- Otra: _____

Significado

UN ESTADO DE ÁNIMO QUE HACE QUE LA CONDUCTA CAMBIE Y SE ACTIVE.

Sinónimo

ESTIMULACIÓN

Antónimo

DESMOTIVACIÓN

Escribe una oración

QUERÍA QUE MIS ALUMNOS TUVIERAN UNA MOTIVACIÓN

ANALIZADOR DE ORACIONES

MATERIALES:

◇ Plantilla para analizar las oraciones.

◇ Velcro adhesivo en tiras.

◇ Plastificadora y plásticos.

◇ Rotuladores de pizarra.

◇ Borrador o toallita.

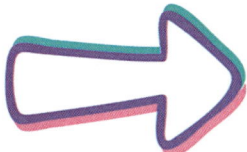

DESARROLLO:

Primero se realiza la plantilla para analizar las oraciones y las palabras para colocar con velcros sobre la ficha (sujeto, predicado verbal y nominal, complementos, etc.) y se plastifican. Luego se añaden los velcros en tiras, una encima del marco donde posteriormente se escribirá la oración y otra debajo del marco. Se colocan las palabras plastificadas encima de las palabras de la plantilla para que luego sea más fácil cogerlas y colocarlas donde corresponde. Una vez que lo tengamos montado, escribiremos con un rotulador de pizarra la oración e iremos señalando el sujeto y predicado que, seguidamente, se pondrán arriba en los velcros las palabras. Se analizarán los complementos, cogiendo el que sea necesario y colocándolo en la parte de abajo de la oración. Lo que conseguimos es que analizar oraciones sea atractivo al ser manipulable y hacer al alumnado partícipe de su aprendizaje de manera activa.

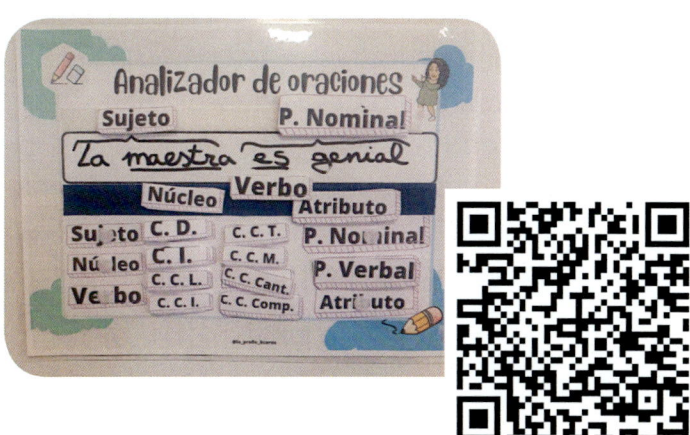

EL FOLIO GIRATORIO DE SINÓNIMOS Y ANÓNIMOS

MATERIALES:

◇ Plantilla de los sinónimos y antónimos.

◇ Funda de plástico.

◇ Rotulador de pizarra.

◇ Borrador o toallita.

DESARROLLO:

Se le da a cada grupo una funda de plástico con la plantilla de los sinónimos y antónimos y se les dice una palabra para que la escriban. El primer alumno/a empieza a escribir sus respuestas, luego se lo pasa al compañero/a de la izquierda, que tendrá que añadir nuevas respuestas para enriquecer el contenido, y así sucesivamente girando el folio hasta que todos/as hayan participado y se acabe el tiempo necesario. Mientras un alumno/a está escribiendo, el resto estará pendiente por si tuviera que corregir algo, por ejemplo, una falta de ortografía o lo que crean necesario. Al terminar, habrán obtenido un vocabulario amplio de sinónimos y antónimos de diversas palabras que se podrán poner en común con el resto de la clase. Esto mismo se puede realizar con otro tipo de contenidos y adaptarlo para lo que necesitemos trabajar.

PALABRA:

Grupo:

Clase:

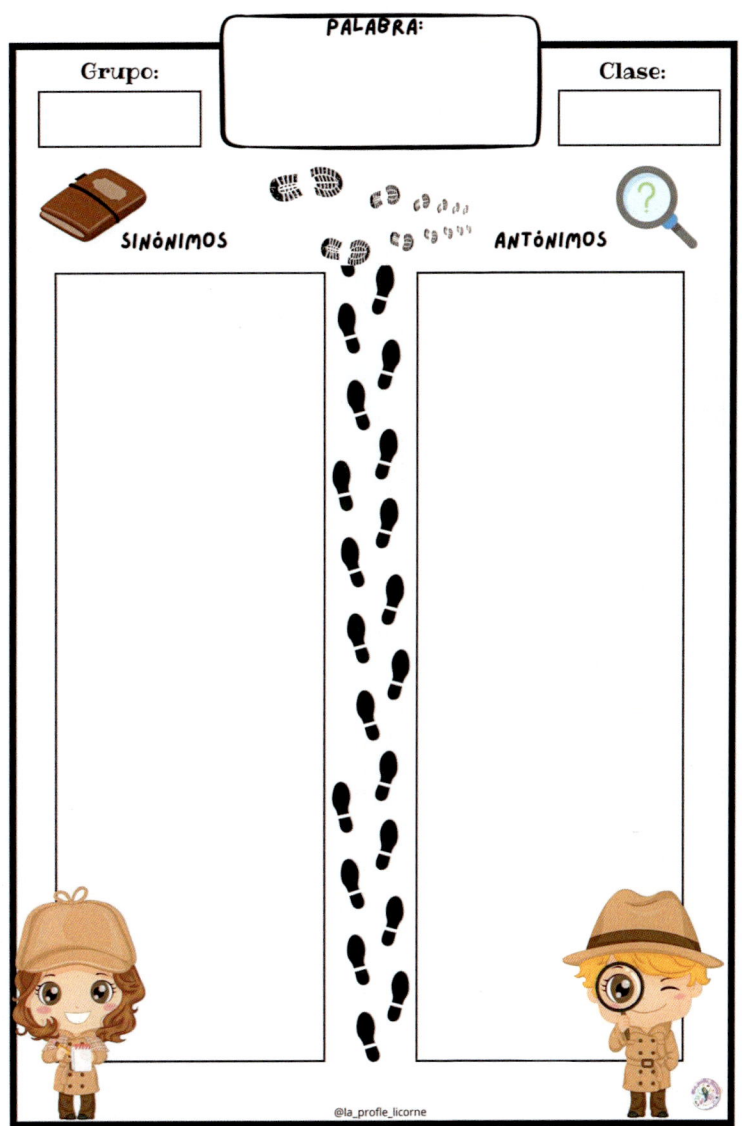

SINÓNIMOS

ANTÓNIMOS

@la_profle_licorne

TARJETAS "EL CAMPO SEMÁNTICO"

MATERIALES:

◇ Plantilla de tarjetas.

◇ Plastificadora y plásticos.

◇ Rotulador de pizarra.

◇ Borrador o toallita.

DESARROLLO:

Primero, elaboramos unas tarjetas, cada una con diferentes dibujos relacionados con un mismo campo semántico para que posteriormente, el alumnado pueda escribir de qué campo semántico se trata, aunque también podemos escribir el campo semántico y que sea el alumnado el que dibuje o escriba vocabulario relacionado con la categoría propuesta. Además de poder hacerlo como tarjetas reutilizables, se puede hacer en formato ficha para que lo puedan hacer individualmente.

¿QUÉ COLORES VES EN LA IMAGEN?

MATERIALES:

◇ Plantilla "¿Qué colores ves en la imagen?"

◇ Plantilla de fichas de los colores.

◇ Plastificadora y plásticos.

◇ Tijeras.

◇ Velcros redondos pequeños (al ser posible transparentes)

◇ Rotulador de pizarra.

◇ Borrador o toallita.

DESARROLLO:

Primero hay que imprimir las plantillas, plastificarlas y recortar solo las imágenes que hay que recortar para colocar encima; el resto son plastificadas enteras. Después, hay que colocar los velcros donde viene una cruz. Luego se van escogiendo dibujos y se ponen en el centro

para que los alumnos/as puedan rodear los colores que discriminan al mirar esos dibujos. Para practicar la discriminación y aprendizaje de los colores, tendremos las fichas de cada color con diferentes elementos, que tendrán que colocarlos donde corresponde.

59

CAPÍTULO 3

JUEGOS MATEMÁGICOS: DESBLOQUEANDO EL MISTERIO DE LOS NÚMEROS

Las matemáticas, indudablemente, representan un pilar esencial en la Educación Primaria al desarrollar la lógica, el pensamiento y la resolución de problemas. En este contexto educativo, la introducción de recursos manipulativos e interactivos surge como una estrategia pedagógica innovadora y efectiva para motivar y cautivar a los alumnos/as en su viaje matemático. Estos recursos no solo van más allá de conceptos, números y operaciones, sino que también transforman las aulas en espacios dinámicos y participativos.

Al utilizar materiales manipulativos, los estudiantes no solo ven y escuchan, sino que también tocan, exploran y experimentan activamente los principios matemáticos. Esta metodología no solo despierta la curiosidad innata de los niños/as, sino que también les proporciona una comprensión sencilla de conceptos aparentemente complejos. De manera simultánea, la integración de recursos interactivos, como herramientas educativas y juegos didácticos, contribuye a convertir el aprendizaje matemático en una experiencia envolvente y divertida.

Así, la combinación de las matemáticas con recursos manipulativos e interactivos amplía el atractivo de la disciplina a la vez que cultiva un entorno educativo favorable hacia el amor por el descubrimiento matemático. Este enfoque no solo busca mejorar el rendimiento académico, sino también fomentar una apreciación duradera por las matemáticas, dándole a los estudiantes las herramientas necesarias para enfrentar con confianza los retos numéricos y lógicos que encontrarán en su camino educativo y más allá.

NUMERACIÓN

Es muy importante reconocer el uso de la información que te dan los números, ya que estos sirven para marcar un teléfono, saber el precio que tienen las cosas, identificar la talla de ropa que tenemos, conocer nuestro peso y medida y numerar las páginas de los libros. A continuación, veremos varios recursos relacionados con la numeración. El bloque de numeración es como el mapa del tesoro que nos guía en este emocionante viaje numérico, es entender cómo estos números son como piezas de un rompecabezas que encajan perfectamente para hacer que las matemáticas sean tan divertidas como un juego. Veamos, a continuación, los diferentes recursos que podemos utilizar a lo largo de este bloque.

CHULETAS DE MESA

MATERIALES:

- ◇ Plantilla de la "chuleta" de mesa deseada.
- ◇ Plastificadora y plásticos.
- ◇ Tijeras.
- ◇ Cinta adhesiva.
- ◇ Rotulador de pizarra.
- ◇ Borrador o toallita.

DESARROLLO:

Realizamos una pequeña plantilla para usar como "chuleta" de mesa del alumno/a, con lo que creamos que es necesario para que no se bloquee y obtenga una ayuda. Dependiendo de la edad, pondremos más o menos cosas, por ejemplo, la descomposición de números para que con rotulador de pizarra luego puedan practicarla, los signos de mayor que, menor que o igual que, las fracciones especificando numerador y denominador, una casita de descomposición, etc. Se plastifica y recorta y se coloca con cinta adhesiva a su mesa para que la tenga a mano siempre que le sea necesaria.

COORDENADAS CON PERSONAJES DEL VIDEOJUEGO AMONG US

MATERIALES:

◇ Plantilla del mapa de coordenadas de Among Us (o cualquier otro juego que se nos ocurra).

◇ Plantilla de fichas para trabajar dichas coordenadas.

◇ Tijeras.

◇ Colores.

◇ Lápiz o bolígrafo.

DESARROLLO:

Primero tenemos que imprimir las plantillas. Después, coloreamos los personajes de *Among Us* y los recortamos. Luego los pegamos en el lugar del mapa de coordenadas que más nos guste. Por último, localizamos las coordenadas escogidas y las escribimos. Además, en el mapa ya hay otros personajes que también hay que escribir sus coordenadas y de esta forma tan divertida las practicamos, sabiendo en qué cuadrante está situado cada tripulante y dentro de qué sala.

EL NÚMERO DE LA SEMANA

MATERIALES:

◇ Plantilla en A3 del número de la semana.

◇ Plantilla en A4 del número de la semana.

◇ Fundas de plástico.

◇ Rotulador de pizarra.

◇ Borrador o toallita.

DESARROLLO:

Realizamos una plantilla para analizar un número. Dependiendo del curso para el que sea, podrá contener unas tareas u otras como, por ejemplo, una casita de descomposición, una tabla de descomposición de números (unidades, decenas, centenas, etc.), decir si es primo o compuesto, si es par o impar, cómo se escribe en número romanos, escribir el enunciado de un problema en el que la solución sea dicho número. La plantilla en A3 se plastifica para poner en un corcho o pared y la plantilla en A4 se le proporciona a cada alumno/a para que la inserten en una funda de plástico y puedan reutilizarla a lo largo del curso. Con un rotulador de pizarra, los alumnos irán rodeando o escribiendo todo lo necesario individualmente y luego habrá una puesta en común con el docente.

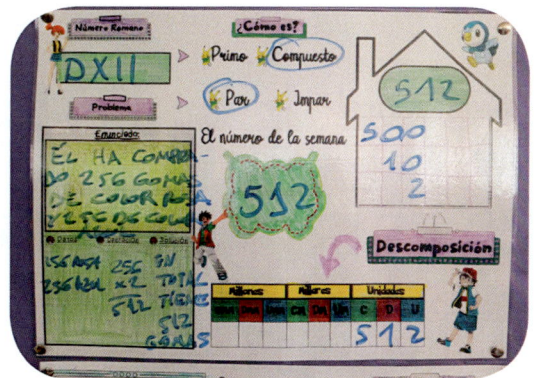

TABLA DE DESCOMPOSICIÓN DE NÚMEROS

MATERIALES:

◇ Plantilla de la tabla de descomposición de números.

◇ Plastificadora y plásticos.

◇ Tijeras.

◇ Rotulador de pizarra.

◇ Borrador o toallita.

DESARROLLO:

Primero, se debe imprimir la plantilla de descomposición o realizar una propia. Después, se plastifica y recorta la plantilla y, por último, puede ser usada con un rotulador de pizarra y borrada con un borrador o toallita cada vez que se acabe o se quiera rectificar. Es ideal para practicar la descomposición de números de una manera sencilla a través de una plantilla.

Tabla de descomposición

Millones			Millares			Unidades			,	Decimales		
CMM	DMM	UMM	CM	DM	UM	C	D	U	,	d	c	m

CÁLCULO Y OPERACIONES

Imaginemos que las operaciones son como unas herramientas mágicas en nuestra caja de matemáticas. Sumar, restar, multiplicar y dividir son los superpoderes que nos permiten enfrentar desafíos numéricos y resolver enigmas. Desde repartir caramelos entre amigos hasta calcular cuántos juguetes hay en total, el bloque de cálculo y operaciones es nuestro guía en este emocionante viaje de descubrimiento matemático.

OPERACIONES TERRORÍFICAS

MATERIALES:

◇ Plantilla de operaciones combinadas.

◇ Funda de plástico.

◇ Rotulador de pizarra.

◇ Borrador o toallita.

DESARROLLO:

Primero se realiza una plantilla de operaciones combinadas con la temática de Halloween. Luego, se meten en una funda de plástico. Se les recuerda al alumnado la jerarquía de las operaciones (primero paréntesis, luego multiplicaciones y divisiones y por último sumas y restas, de derecha a izquierda). Y para acabar, las realizan individualmente, por parejas o grupos cooperativos (haciendo folio giratorio o cualquier otra técnica) con rotulador de pizarra.

OPERACIONES TERRORÍFICAS

$2 \times 5 + 3 \times 7 - 6 \times 4 =$

$2 \times 5 + 3 \times 7 - 6 \times 4 =$

$2 \times 5 + 3 \times 7 - 6 \times 4 =$

$2 \times (5 + 3) - 3 \times (5 - 2) =$

$7 + 3 \times 4 + 5 =$

$17 - 3 \times (5 - 4) =$

$(7 + 8) \times 4 - 13 =$

$17 - 3 \times 2 + 5 =$

$4 \times 3 + 2 \times 5 - 6 \times 3 =$

@la_profte_licorne

LIBRO INTERACTIVO "REPARTIENDO PAQUETES"

MATERIALES:

◇ Plantillas de casas para repartir los paquetes.

◇ Plantillas de paquetes.

◇ Plastificadora y plásticos.

◇ Tijeras.

◇ Máquina para hacer agujeros.

◇ Anillas.

DESARROLLO:

Primero, se imprimen las plantillas. Después se recortan las plantillas de los paquetes, se encuadernan las plantillas de las casas para repartir los paquetes haciéndoles los agujeros y poniéndoles las anillas. Cuando todo esté listo, podemos empezar a utilizarlo. Por ejemplo, tenemos quince paquetes y tenemos que repartirlos en cinco casas, ¿cuántos paquetes se repartirán en cada casa? El alumno/a tendrá que repartir los paquetes en las cinco casas y ver cuántos paquetes corresponden a cada una. Es una manera muy sencilla de aprender las divisiones desde el nivel más básico.

BINGO DE LAS TABLAS DE MULTIPLICAR

MATERIALES:

◇ Plantillas de bingo con las tablas de multiplicar.

◇ Plastificadora y plásticos.

◇ Rotuladores de pizarra.

◇ Borrador o toallitas.

◇ Fichas con los resultados de las tablas.

◇ Tijeras.

DESARROLLO:

Se imprimen las plantillas del bingo y de las tarjetas con los resultados de las tablas de multiplicar, luego se plastifican y se recortan. Las tarjetas se meten en una bolsa. Se reparte un cartón a cada alumno/a junto con un rotulador de pizarra y un borrador o toallita. El docente va sacando al azar tarjetas con los resultados de las multiplicaciones y el alumnado deberá ir tachando las multiplicaciones que crean que son correctas. Y así hasta que logren completar el cartón, que será cuando dirán la palabra ¡Bingo! Esto querrá decir que ya hemos encontrado al ganador/a del juego.

70

FOLDABLES DE LAS TABLAS DE MULTIPLICAR

MATERIALES:

- ◇ Plantillas de los foldables.
- ◇ Tijeras.
- ◇ Colores.
- ◇ Bolígrafo o lápiz.
- ◇ Pegamento.
- ◇ Cuaderno.

DESARROLLO:

Primero imprimimos las plantillas de los foldables, después los colorearemos y escribiremos con bolígrafo (o lápiz) cada una de las tablas de multiplicar en cada uno de los foldables (otra variante sería que ya vengan escritas las tablas de multiplicar). Se recorta todo el contorno y se dobla de tal forma que lo que se vea sea el dibujo unido y, por último, se pega en el cuaderno. Es una actividad atractiva para motivar al alumnado a aprender de las tablas de multiplicar que tanto les cuesta.

RESOLUCIÓN DE PROBLEMAS

Los problemas matemáticos son desafíos en un juego, y el bloque de resolución de problemas es la llave que nos permite superar cada nivel. Desde repartir caramelos entre amigos hasta calcular distancias en un mapa, este bloque nos enseña a utilizar todas las herramientas matemáticas que hemos adquirido para enfrentarnos a situaciones del día a día.

CARTELERÍA PARA LA RESOLUCIÓN DE PROBLEMAS

MATERIALES:

◇ Plantilla de los pasos a seguir para resolver los problemas.

◇ Plastificadora y plásticos.

◇ Tijeras.

◇ Cinta adhesiva o masilla.

DESARROLLO:

Primero se imprimen las plantillas de la cartelería para resolver los problemas. Luego se plastifica y se recorta y se ponen en un corcho o pared como recurso visual y apoyo al alumnado, a la hora de resolver los problemas.

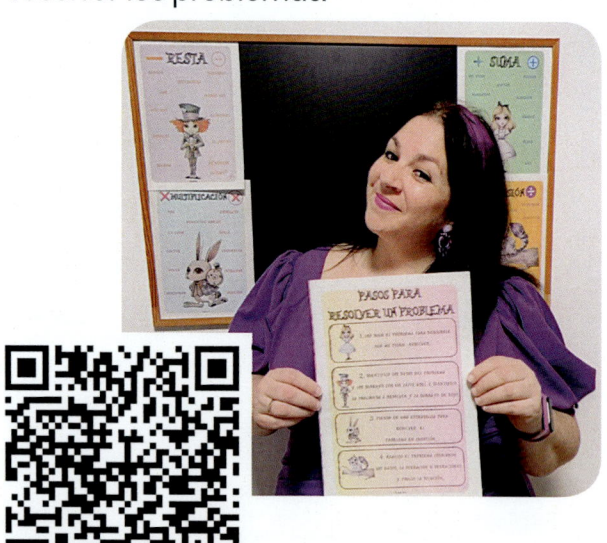

CUADERNO MANIPULABLE DE PROBLEMAS

MATERIALES:

◇ Plantillas con diferentes ejercicios para resolver problemas.

◇ Plastificadora y plásticos.

◇ Tijeras.

◇ Máquina de hacer agujeros.

◇ Anillas.

◇ Velcros.

DESARROLLO:

Primero se imprimen las plantillas con los diferentes ejercicios para resolver problemas. Después se plastifican y se recortan las piezas manipulables. Luego se añaden los velcros (a ser posible transparentes). Y por último se encuaderna, haciendo primero los agujeros y colocando las anillas, y situando cada pieza manipulable en el lugar correspondiente. Esta actividad implica el aprendizaje activo del alumnado y una visualización mucho mayor que resulta más flexible para su fácil comprensión y resolución.

INVENTANDO PROBLEMAS

MATERIALES:

- ◇ Plantillas con el resultado de los problemas y con el hueco para inventárselos.

- ◇ Fundas de plástico.

- ◇ Rotulador de pizarra.

- ◇ Borrador o toallita.

DESARROLLO:

Comenzamos imprimiendo las plantillas y colocándolas en la funda de plástico. Repartiremos las fundas por grupos. A continuación, con el rotulador de pizarra, nos inventaremos un problema que sea adecuado para la solución que se nos ha planteado. Cuando el primer componente del grupo acabe de realizar el problema se lo pasará al segundo y así hasta que lo completen, mientras tanto, los que no estén realizando el problema lo supervisarán para poder corregir posibles errores.

MEDIDA

Las medidas son como las reglas mágicas que nos permiten explorar y cuantificar todo. Desde medir la altura de un árbol hasta pesar ingredientes para cocinar, el bloque de medida nos convierte en exploradores intrépidos de las dimensiones del universo matemático.

FICHAS REUTILIZABLES DE MEDIDA

MATERIALES:

◇ Plantillas con diferentes ejercicios de medidas.

◇ Fundas de plástico.

◇ Rotulador de pizarra.

◇ Borrador o toallita.

DESARROLLO:

Primero se imprimen las plantillas y se reparten a cada alumno/a. Después colocarán cada una dentro de una funda de plástico y las realizarán gracias a los rotuladores de pizarra, que podrán rectificar con el borrador o toallita que se les ha facilitado. Al final se pondrá en común con el resto de la clase para conocer las respuestas correctas.

PANELES iNTERACTiVOS DE MEDiDA

MATERIALES:

◇ Plantillas de los paneles interactivos de medida.

◇ Dibujos de las diferentes medidas.

◇ Plastificadora y plásticos.

◇ Tijeras.

◇ Cinta adhesiva o masilla.

◇ Velcros.

DESARROLLO:

Empezamos imprimiendo las plantillas de los paneles interactivos y los dibujos de las diferentes medidas. Seguiremos plastificando todos ellos y posteriormente recortándolos. A continuación, colocaremos los paneles interactivos en pizarra, corcho o pared con cinta adhesiva o masilla. Después le pondremos velcro a los dibujos, al igual que a los paneles interactivos. Una vez preparado todo el material, repartiremos por grupos los dibujos de las diferentes medidas. El alumnado tendrá que colocar correctamente cada dibujo en el panel correspondiente en el menor tiempo posible. El primer grupo que logre colocar todos los dibujos ganará.

GEOMETRÍA

La geometría no es solo aprender sobre líneas y figuras, también es cómo descubrir patrones y estructuras en el universo matemático. Cada figura geométrica es como un pedacito de un rompecabezas cósmico, y la geometría nos da el mapa para unir todas las piezas. Desde entender cómo se comportan los ángulos hasta explorar los polígonos, la geometría nos convierte en exploradores de las formas que conforman nuestro entorno. No es solo aprender sobre líneas y ángulos; es descubrir cómo las formas y estructuras nos rodean en cada rincón. A continuación, veamos los recursos que podemos realizar en este bloque.

CUADERNO INTERACTIVO DE LAS ÁREAS

MATERIALES:

◇ Plantillas de las áreas ("Pokémon").

◇ Plastificadora y plásticos.

◇ Máquina de hacer agujeros.

◇ Anillas.

◇ Tijeras.

◇ Velcros redondos pequeños.

DESARROLLO:

Comenzamos imprimiendo las plantillas de las áreas y plastificándolas. Continuaremos recortando cada una de las imágenes. Después pondremos los velcros en el lugar necesario, y, por último, haremos los agujeros y colocaremos las anillas ya que tenemos el material listo cada grupo de alumnos podrá practicar las áreas a través de la manipulación de una forma divertida y con una temática que les gusta.

CUADERNO
INTERACTIVO
DE
LAS
ÁREAS

Nombre: _____

FORMANDO FIGURAS GEOMÉTRICAS

MATERIALES:

◇ Plantillas de figuras geométricas.

◇ Máquina de hacer agujeros.

◇ Cuerda de cola de ratón.

◇ Cartulina.

◇ Tijeras.

◇ Cuaderno.

DESARROLLO:

Vamos a empezar imprimiendo las plantillas de las figuras geométricas. Después las recortamos y las pegamos en una cartulina para volver a recortar. Haremos los agujeros en las zonas señaladas, luego doblaremos cada una de las líneas e introduciremos la cuerda alrededor de todos sus agujeros. Pegaremos la base en el cuaderno. Por último, cada vez que queramos formar las figuras geométricas tiraremos de los hilos. Es una forma muy visual para que el alumnado entienda las partes de cada figura geométrica, los lados, los vértices, las aristas, y demás conceptos geométricos de una manera divertida.

PANELES INTERACTIVOS "CUADRILÁTEROS Y NO CUADRILÁTEROS"

MATERIALES:

◇ Plantilla de los paneles interactivos.

◇ Dibujos de figuras (cuadriláteros y no cuadriláteros).

◇ Plastificadoras y plásticos.

◇ Tijeras.

◇ Velcros y masilla adhesiva.

DESARROLLO:

Comenzamos imprimiendo las plantillas y los dibujos de figuras y los plastificaremos y recortaremos. Después colocaremos los paneles en la pared, pizarra o corcho y les añadiremos velcro tanto al panel como a los dibujos. Una vez tengamos el material listo, repartiremos por grupos o parejas los dibujos y el alumnado tendrá que clasificarlos según sean cuadriláteros o no cuadriláteros. Quien antes consiga hacerlo, gana. Con esto fomentamos la participación activa del alumnado y aumentamos su motivación.

EL PERíMETRO

MATERIALES:

◇ Plantillas con distintos perímetros.

◇ Fundas de plástico.

◇ Rotuladores de pizarra.

◇ Borrador o toallita.

DESARROLLO:

Imprimiremos las plantillas de los perímetros para colocarlas en las fundas de plástico y así poder realizar distintas actividades en las que el alumnado pueda rodear, escribir, etc. con rotulador de pizarra, tanto de manera individual, por parejas o por grupos.

CAPÍTULO 4

AVENTURAS A TRAVÉS DE LA SOCIEDAD Y LA NATURALEZA

Ponte cómodo, que vamos a hablar de algo súper interesante: el conocimiento del medio natural y social en la primaria! ¿Te has preguntado alguna vez por qué es tan guay y atractivo aprender sobre el entorno que nos rodea y las sociedades en las que vivimos? Pues resulta que esa materia no es solo sobre leer libros aburridos, ¡es toda una aventura! Y para hacerla aún más emocionante, llegaron a la carga los recursos manipulativos e interactivos.

¿Qué tal si te digo que, en lugar de solo leer sobre animales, puedes tocar maquetas de sus hábitats? O mejor aún, ¿imaginas aprender sobre las civilizaciones antiguas jugando como si estuvieras en su época? Los recursos manipulativos e interactivos le dan vida a esa asignatura, transformándola en algo más que palabras en un papel. No es solo aprender, ¡es experimentar, tocar y sentir la magia del conocimiento en primera fila!

Así que ya sabes, el área de conocimiento del medio natural y social no es solo para llenar hojas con datos. Es para explorar, descubrir y entender el mundo que nos rodea de una manera que te haga decir, ¡guau, esto es genial! Prepárate para una aventura que va más allá de los libros de texto, porque cuando el aprendizaje se vuelve práctico y divertido, ¡no hay límites para lo que puedes descubrir!

A LA CAZA DE LOS VERTEBRADOS E INVERTEBRADOS

MATERIALES:

◇ Dibujos de animales vertebrados.

◇ Dibujos de animales invertebrados.

◇ Plastificadora y plástico.

◇ Tijeras.

◇ Matamoscas de plástico.

◇ Masilla adhesiva.

DESARROLLO:

Primero imprimiremos los dibujos de los animales vertebrados e invertebrados. A continuación, recortaremos dichos dibujos y los colocaremos con un trocito de masilla adhesiva alrededor de toda la pizarra de manera desordenada. Luego le daremos por grupos al alumnado un matamoscas. El docente dirá el nombre de un animal y ellos tendrán que atraparlo con el matamoscas y decir si es vertebrado o si es inverte-

brado. Cada acierto será un punto para el grupo. Ganará el grupo que más puntos obtenga.

LAPBOOK: CONOCIMIENTO DEL MEDIO NATURAL Y SOCIAL

MATERIALES:

◇ Diferentes plantillas para la elaboración de un lapbook.

◇ Cartulina de tamaño A3 de un color.

◇ Colores.

◇ Velcros, cinta adhesiva, masilla, etc.

◇ Pegamento.

◇ Tijeras.

◇ Bolígrafos de diferentes colores.

DESARROLLO:

Primero mostramos al alumnado a través de internet diferentes tipos de lapbooks. Continuarán decidiendo el tema elegido para este trabajo. Formaremos los grupos y repartiremos a cada uno las diferentes plantillas que pueden incluir. Se les explicará que un lapbook es un trabajo donde a través de diferentes ac-tividades manipulativas, juegos o cualquier cosa que se nos ocurra, podremos conocer un tema en concreto y hacerlo interesante. Cada grupo fomentará su creatividad e imaginación, haciendo que su lapbook sea único e inigualable.

DESCUBRIENDO LOS CONTINENTES

MATERIALES:

◇ Panel interactivo de cada uno de los continentes.

◇ Dibujos de diferentes cosas que estén asociadas a esos continentes.

◇ Velcros redondos pequeños.

◇ Masilla o cinta adhesiva.

◇ Tijeras.

DESARROLLO:

Comenzamos imprimiendo los paneles de los continentes y los objetos asociados a ellos para continuar plastificándolos y recortándolos. Luego se colocan los paneles en la pizarra, pared o corcho con cinta adhesiva o masilla. Por último, se le colocarán los velcros a los objetos y a los paneles. Una vez tengamos el material listo, se repartirán los objetos por parejas o grupos que tendrán que colocar en el continente adecuado en el menor tiempo posible. La pareja o grupo más rápida ganará.

PLiCKERS

MATERIALES:

◇ Recurso digital Plickers.

◇ Tarjetas de la página de Plickers asociadas a cada número de lista del alumnado.

◇ Plastificadora y plásticos.

◇ Tijeras.

◇ Pizarra digital u ordenador.

◇ Móvil del docente.

DESARROLLO:

Primero nos registraremos en la página de *Plickers;* el docente tiene que tener la aplicación instalada y abierta tanto en el ordenador o pizarra digital como en su móvil. A continuación, realizaremos las plantillas con las preguntas que deseamos realizar al alumnado y las posibles respuestas, como mínimo dos y como máximo 4. Imprimiremos las plantillas de cada alumno, las plas-

tificaremos y las recortaremos, dándoselas a su propietario. Proyectaremos las preguntas en la pizarra u ordenador, dejaremos unos segundos para pensar y dependiendo de la respuesta que quiera dar el alumno/a tendrá que colocar su ficha de una forma o de otra. El docente activará la aplicación y, con su móvil, captará la respuesta de cada alumno/a, que se almacenarán automáticamente en un directorio de respuestas. Si falta alguien por responder, la aplicación te avisará. Al docente le aparece en verde quien responde correctamente y en rojo quien responde erróneamente. Después de cada pregunta el docente dará la respuesta y eso hará que el alumnado se motive para hacerlo bien.

FLIPBOOK

MATERIALES:

◇ Plantilla de Flipbook.

◇ Tijeras.

◇ Pegamento.

◇ Colores.

◇ Bolígrafo o lápiz.

◇ Cuaderno.

DESARROLLO:

Primero imprimimos las plantillas; después elegimos la temática a trabajar. A continuación, daremos las indicaciones al alumnado para que escriban la teoría que estamos viendo. Luego recortarán el *Flipbook*, pegarán desde el más grande al más pequeño superponiéndolo, lo colorearán y lo pegarán en el cuaderno. Es una forma de aprender la teoría de una manera divertida e interactuando con ella.

GENIALLY

MATERIALES:

◇ Genially.

◇ Ordenadores o Tabletas.

◇ Pantalla digital u ordenador del docente.

DESARROLLO:

Primer nos registramos en la web de *Genially*. Después podemos elegir una plantilla, de las muchas que aparecen, o comenzar una desde cero a nuestro gusto en la que podemos hacer una especia de *Escape Room* donde el alumnado tenga que superar varias pruebas y, cada vez que superen una, les den un número que tengan que anotar para, al final, meter la clave correcta y superar la prueba. Ganará el equipo que lo logre en el menor tiempo posible.

MAPA CONCEPTUAL

MATERIALES:

◇ Ordenadores o Tabletas.

◇ Herramienta digital Canva.

DESARROLLO:

Cada pareja de alumno o grupo se registrará con un correo en la página de *Canva*. Una vez dentro, buscarán una plantilla sobre un mapa conceptual y darán rienda suelta a su imaginación para hacer un mapa conceptual sobre la temática que se está trabajando de la manera más creativa y bonita posible.

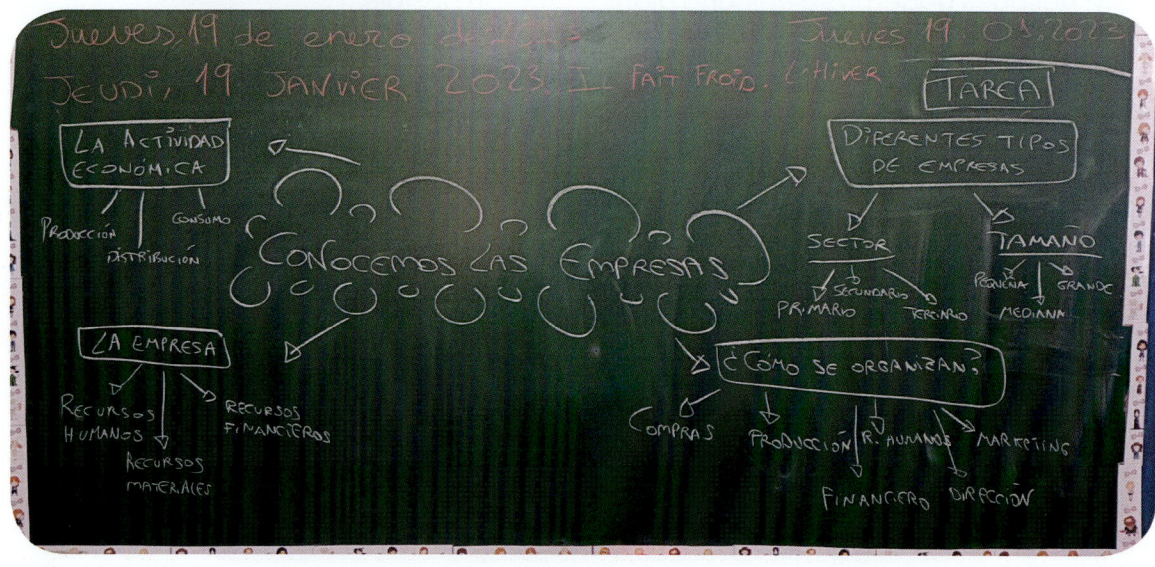

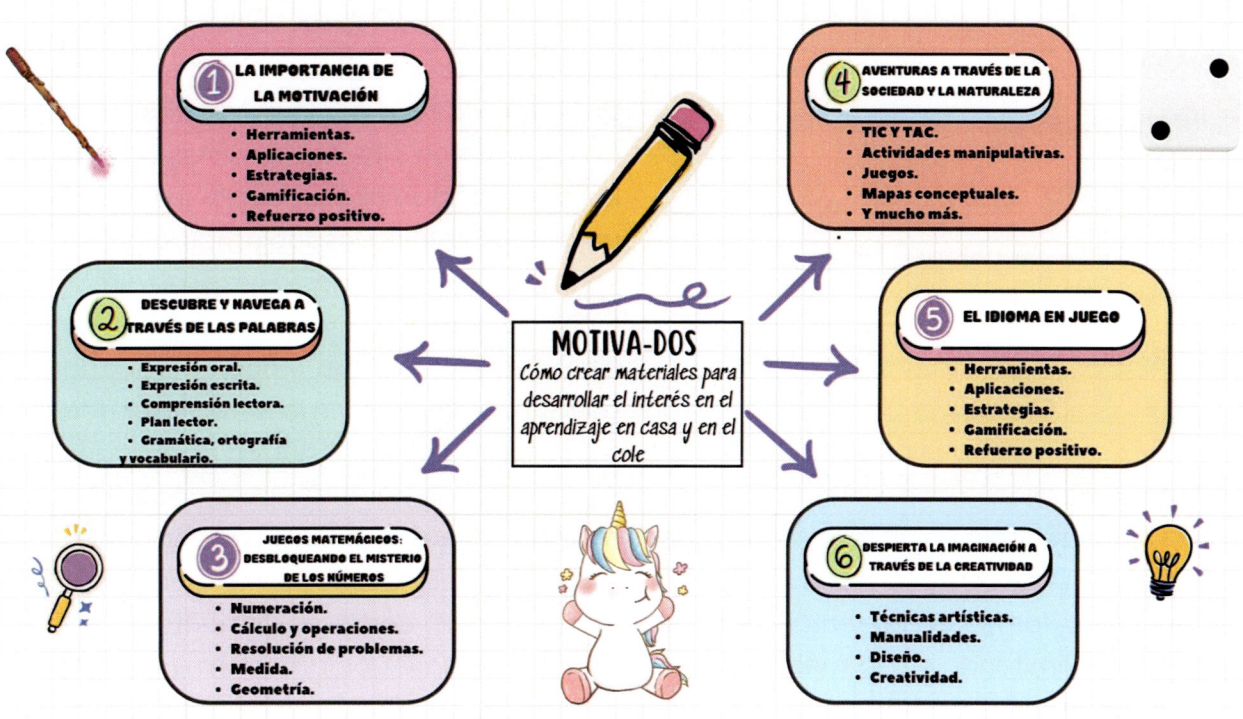

1 LA IMPORTANCIA DE LA MOTIVACIÓN

- Herramientas.
- Aplicaciones.
- Estrategias.
- Gamificación.
- Refuerzo positivo.

4 AVENTURAS A TRAVÉS DE LA SOCIEDAD Y LA NATURALEZA

- TIC Y TAC.
- Actividades manipulativas.
- Juegos.
- Mapas conceptuales.
- Y mucho más.

2 DESCUBRE Y NAVEGA A TRAVÉS DE LAS PALABRAS

- Expresión oral.
- Expresión escrita.
- Comprensión lectora.
- Plan lector.
- Gramática, ortografía y vocabulario.

MOTIVA-DOS
Cómo crear materiales para desarrollar el interés en el aprendizaje en casa y en el cole

5 EL IDIOMA EN JUEGO

- Herramientas.
- Aplicaciones.
- Estrategias.
- Gamificación.
- Refuerzo positivo.

3 JUEGOS MATEMÁGICOS: DESBLOQUEANDO EL MISTERIO DE LOS NÚMEROS

- Numeración.
- Cálculo y operaciones.
- Resolución de problemas.
- Medida.
- Geometría.

6 DESPIERTA LA IMAGINACIÓN A TRAVÉS DE LA CREATIVIDAD

- Técnicas artísticas.
- Manualidades.
- Diseño.
- Creatividad.

MiniBook

MATERIALES:

◇ Plantilla de Minibook, o folio para realizarlo.

◇ Tijeras.

◇ Lápiz y goma.

◇ Bolígrafo.

◇ Lápices de colores, rotuladores, ceras, etc.

◇ Regla.

DESARROLLO:

Primero comienza imprimiendo la plantilla o realizándola en un folio A4 con una regla, un lápiz y goma (en el caso que sea necesaria), formando un rectángulo a lo largo y delimitándolo a la mitad y luego en 4 partes.

Después, elige el tema a realizar: el día de tu comunidad, la historia, el ciclo del agua, etc. A continuación, puedes personalizarlo, agrega textos, dibujos o cualquier otro elemento decorativo que desees. Luego, le damos uno a cada niño/a para que lo rellene con bolígrafo o lápiz y lo coloree. Y, por último, comenzaremos el proceso de doblaje para formar el libro: Doblamos la hoja por la mitad a lo largo de esta marca. Nos aseguramos de que los bordes estén alineados para obtener un pliegue limpio. Desdoblamos la hoja y volvemos a doblarla, esta vez en la dirección opuesta, para crear una especie de "libro". Abrimos el "libro" y doblamos cada mitad nuevamente en la mitad, creando así cuatro secciones (dos en cada lado). Si deseas páginas más pequeñas, corta la hoja siguiendo las líneas de doblez hasta el punto deseado. ¡Recuerda dejar un lado sin cortar para mantener las páginas unidas!. Doblamos el *minibook* a lo largo de las líneas que hemos creado, asegurándonos de que todas las páginas queden alineadas. Una vez realizado nuestro *minibook*, lo podemos pegar en el cuaderno, en un mural, o simplemente quedárnoslo.

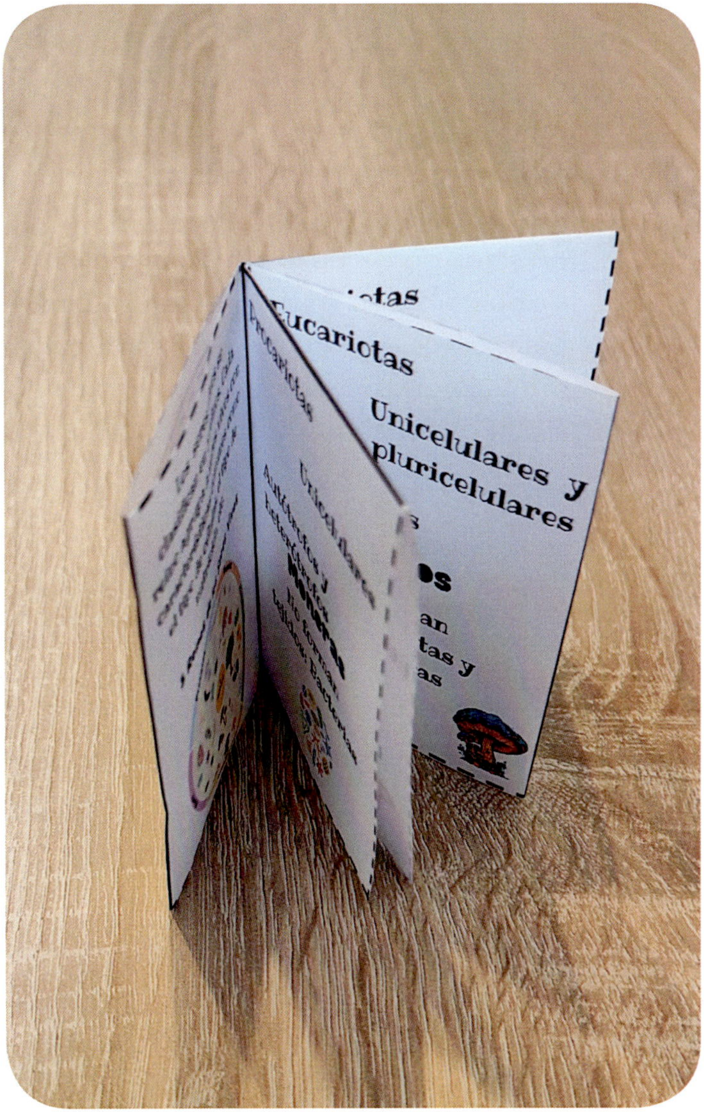
Eucariotas
Unicelulares y
pluricelulares
Procariotas

CUADERNO DE EXPERIMENTOS / INVENTOS

MATERIALES:

◇ Plantillas para el cuaderno de experimentos: ¿Qué ocurriría si...?, o realizar las nuestras propias.

◇ Folios DIN-A4 (blancos o de colores).

◇ Regla.

◇ Bolígrafo o lápiz.

◇ Lápices de colores, rotuladores, ceras, etc.

◇ Máquina para hacer los agujeros.

◇ Anillas.

◇ Plástico transparente para la portada.

DESARROLLO:

Comenzamos imprimiendo las plantillas o, por el contrario, haciéndolas en folios DIN-A4 (blancos o de colores) con una regla y un lápiz, poniendo las casillas que queramos y los títulos que veamos adecuados. Continuamos haciéndoles los agujeros con la máquina (troqueladora)

tanto a los folios como a la portada de plástico transparente. Seguimos anillándolos. Por último, se los repartimos a los niños/as para que lo vayan completando conforme se vayan realizando los experimentos, con el título, los materiales, el dibujo, el procedimiento (¿Qué pasaría si...?) y el resultado.

TRÍPTICO

MATERIALES:

◇ Plantilla de minibook, o folio para realizarlo.

◇ Tijeras.

◇ Lápiz y goma.

◇ Bolígrafo.

◇ Lápices de colores, rotuladores, ceras, etc.

◇ Regla.

DESARROLLO:

Comienza imprimiendo la plantilla o, por el contrario, hazla en un folio DIN-A4 (blanco o de color) con una regla y un lápiz. Continúa decidiendo si quieres que el tríptico se abra en posición horizontal o vertical. Usa la regla para medir y marca dos líneas verticales en la hoja, dividiéndola en tres secciones iguales. Si prefieres un tríptico más pequeño, puedes ajustar las medidas según tus preferencias.

A lo largo de las líneas que has marcado, dobla la hoja en forma de acordeón. Esto creará las secciones plegables de tu tríptico. Si tu hoja es más grande de lo que deseas, puedes recortar los bordes según sea necesario. Asegúrate de mantener las tres secciones. Abre el tríptico y comienza a agregar contenido. Puedes dividir cada sección para organizar tu información de manera clara. Usa colores, marcadores y otros materiales de decoración para hacer que tu tríptico sea atractivo y visualmente agradable. Vuelve a plegar el tríptico para que pueda ser cerrado y abierto fácilmente. ¡Listo! Ahora tienes un tríptico que puedes usar para presentar información de manera organizada y atractiva. Personaliza según tus necesidades y... ¡disfruta del proceso creativo! Desarrollando la creatividad, su motivación aumentará gracias a su intervención manipulando de una forma tan original.

¿Qué podemos ver?

Monumentos

La plaza vieja

La Alcazaba

Nombre

La Catedral

La Estación

El Cable Inglés

Otros datos de interés

El símbolo emblemático de Almería es el Indalo y dicen que trae suerte.

No puedes perderte visitar esta ciudad con su buena gente, su magnífica comida de tapas, sus vistas tan preciosas y sus playas de aguas cristalinas.

CONTACTO

113-257-599

@almerialamejor

www.almerialamejor.es

COMARCA DE NOMBRE

¿Qué pueblos podemos econtrar?

Pueblos a destacar

Benahadux

Gádor

Níjar

Viator

Huércal de Almería

Rioja

Otros pueblos

Pechina y Santa Fe de Mondújar

EXTENSIÓN

Superficie

Superficie total de la comarca es 1.157,88 m2

Habitantes

El número de habitantes de toda la comarca es 266.002

Gentilicios

Almería: almeriense
Benahadux: benaducense
Gádor: gadorense
Huércal de Almería: hurcalense
Níjar: nijareño/a
Pechina: pechinero/a
Rioja: riojeño/a
Santa Fe de Mondújar: Santaferteño/a
Viator: viatoreño/a

CLIMA

Precipitaciones y temperatura

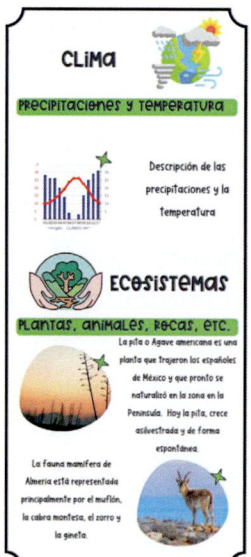

Descripción de las precipitaciones y la temperatura

Ecosistemas

Plantas, animales, rocas, etc.

La pita o Agave americana es una planta que trajeron los españoles de México y que pronto se naturalizó en la zona en la Península. Hoy la pita, crece asilvestrada y de forma espontánea.

La fauna mamífera de Almería está representada principalmente por el muflón, la cabra montesa, el zorro y la gineta.

UBICANDO LOS MEDIOS DE TRANSPORTE

MATERIALES:

◇ Plantilla de los 3 paneles con los títulos de tierra, mar y aire, o en su lugar hacer la vuestra propia.

◇ Dibujos de diferentes medios de transportes.

◇ Plastificadoras y plásticos.

◇ Tijeras.

◇ Velcros y masilla.

DESARROLLO:

Comenzamos imprimiendo las plantillas de tierra, mar y aire y los dibujos de los diferentes medios de transporte. Los plastificaremos y los recortaremos, después colocaremos en la pared, pizarra o corcho los paneles y le añadiremos velcro tanto al panel como a los dibujos. Una vez que tengamos el material listo, repartiremos por grupos o parejas los dibujos y tendrán que clasificarlos. Quien antes consiga hacerlo, gana. Además, podemos hacerlo igual, pero a través de una ficha en la que ellos puedan recortar y pegar en el lugar correspondiente. Con esto fomentamos la participación activa del alumnado y aumentamos su motivación.

PHOTOCALL DÍAS IMPORTANTES

MATERIALES:

◇ Cartón.

◇ Plantilla de dibujos de los diferentes días importantes (de celebración) relacionados con el conocimiento del medio natural y social, como son cualquiera de los ODS (Objetivos de Desarrollo Sostenible) entre algunos otros.

◇ Plantilla de los títulos del día a celebrar.

◇ Plastificadora y plásticos.

◇ Rotulador de pizarra.

◇ Borrador o toallita.

◇ Tijeras.

◇ Lápiz y goma.

◇ Bolígrafo.

◇ Lápices de colores, rotuladores, pintura, ceras, etc.

◇ Regla.

◇ Velcros.

DESARROLLO:

Primero, haz un marco para el *photocall* con cartón del tamaño que desees, ayudándote con lápiz y regla y goma si es necesaria. Después, decóralo como más te guste, con pintura, colores, etc. Continúa imprimiendo los dibujos de las diferentes celebraciones o haz los tuyos propios y coloréalos. Luego, plastifica dichos dibujos y colócale por detrás velcro, al igual que en el marco de photocall, donde quieras situar cada dibujo. Esta es una buena forma de dar importancia a días como el día del agua, el día del medioambiente, el día del reciclaje, etc. además de poder usarlo también para las diferentes efemérides como día de la Constitución, día de la comunidad autónoma donde vivas, Navidad, *Halloween*, etc.

DÍA MUNDIAL DEL MEDIOAMBIENTE (5 DE JUNIO)

CAPÍTULO 5

EL IDIOMA EN JUEGO

¿Te has preguntado alguna vez por qué aprender un idioma extranjero en la escuela primaria es tan genial? No es solo sobre aprender a decir "hola" en otro idioma; es como abrir una puerta a un mundo completamente nuevo.

El área de lengua extranjera no es solo sobre palabras y gramática, es sobre conectarte con otras culturas, entender a gente de diferentes lugares y ampliar tus horizontes. Ahora, ¿quieres saber cuál es la fórmula secreta para hacer que esto sea aún más emocionante? Mediante recursos manipulativos e interactivos podemos hacer que nuestros alumnos sean los protagonistas de su propio aprendizaje.

Imagina aprender inglés, francés o el idioma que elijas jugando con juegos, tarjetas interactivas y actividades que te hagan sentir que estás explorando un país sin salir del aula. De repente, aprender un nuevo idioma no es solo sobre libros de texto; ¡es una aventura!

Estos recursos no solo te enseñan palabras, sino que te adentran en el idioma. ¿Cómo? Bueno, al tocar cosas, escuchar sonidos reales, y hablar con compañeros, todo eso hace que el aprendizaje sea como una fiesta. Y cuando aprendes de manera divertida, ¡la motivación se dispara!

Así que, la próxima vez que alguien te diga que aprender una lengua extranjera en la primaria no es tan importante, diles que están perdiéndose la mejor parte: la emoción de descubrir un mundo completamente nuevo con cada palabra que aprendes.

MEMORY

MATERIALES:

◇ Plantillas de Memory de la temática elegida con dibujos y vocabulario.

◇ Plastificadora y plásticos.

◇ Tijeras.

DESARROLLO:

Primero imprimimos las plantillas, recortamos las tarjetas del *Memory* y unimos cada portada con cada tarjeta. A continuación, las plastificamos y las volvemos a recortar. Para empezar a jugar se sitúan todas las tarjetas boca abajo, viéndose solo la portada de cada tarjeta. El alumnado tendrá que descubrir cada imagen con la palabra en el idioma que le corresponde. Si no aciertan, le toca al siguiente. Ganará el alumno/a que más parejas de tarjetas consiga. Esta actividad se puede realizar individual, por parejas o por grupos. Se utiliza sobre todo para la adquisición de nuevo vocabulario de una forma divertida y a través del juego.

Dominó

MATERIALES:

◇ Plantillas del dominó con las imágenes y las palabras del vocabulario que queramos trabajar.

◇ Plastificadora y plásticas.

◇ Tijeras.

DESARROLLO:

Se imprimen las plantillas, se plastifican y se recortan. Una vez tengamos el material, se le reparte un dominó a cada grupo. Las fichas se pondrán boca abajo y se repartirán por igual a cada componente del grupo. Empieza el alumno/a que tenga la ficha estrella y le tocará al de la izquierda, siguiendo las agujas del reloj. Si no tienen ficha posible para colocar, deberán pasar el turno. Ganará el primer componente del grupo que se quede sin ninguna ficha. Es como el clásico dominó, pero para aprender vocabulario a través del juego.

RULETA

MATERIALES:

◇ Vocabulario en dibujos de círculos que se vaya a trabajar.

◇ Plastificadora y plásticos.

◇ Tijeras.

◇ Velcro adhesivo pequeño redondo.

◇ Cuaderno o folio.

◇ Bolígrafo o lápiz.

DESARROLLO:

Se escoge la temática que se va a trabajar. Primero se buscan las imágenes y se imprimen. Después se recortan y se les pone el velcro (tanto a las imágenes como a la ruleta). Luego se colocan las imágenes en la ruleta. Una mano inocente gira la ruleta y la imagen que aparece la tienen que anotar en su cuaderno. Puede quedarse tal que así, o podemos decir que hagan una frase, o que busquen un sinónimo o antónimo, etc.

"DOBBLE"

MATERIALES:

◇ Plantillas del juego "Dobble" de la temática a trabajar.

◇ Plastificadora y plásticos.

◇ Tijeras.

DESARROLLO:

Comenzaremos imprimiendo las plantillas de la temática que vayamos a trabajar (círculos donde aparecen 8 dibujos diferentes del vocabulario y cada ficha tiene que tener un dibujo mínimo en común con las otras cartas). Continuaremos plastificando y recortando dichas plantillas. Una vez hecho el material, pasaremos al jugar. "Dobble" es un juego de observación y rapidez. ¿El objetivo? Hay un único símbolo común en cada una de las cartas. El primero en descubrirlo y en nombrarlo gana la carta. Quién más carta tenga, es la persona que gana.

CUADERNO INTERACTIVO

MATERIALES:

◇ Fichas para el cuaderno de gramática, vocabulario, huecos a rellenar, cosas para rodear, etc.

◇ Plastificadora y plásticos.

◇ Máquina de hacer agujeros.

◇ Anillas.

◇ Tijeras.

◇ Velcros adhesivos redondos y pequeños.

◇ Rotulador de pizarra.

◇ Borrador o toallita.

DESARROLLO:

Se imprimen las plantillas deseadas para la elaboración del cuaderno interactivo. Luego se plastifican y se recortan los elementos que se requieren para ello. Seguidamente se pone donde corresponde cada velcro y se colocan en el sitio co-rrespondiente cada dibujo o palabra/s. Finalmente se hacen los agujeros y se colocan las anillas. Una vez listo el material, los alumnos/ as ya pueden manipular y jugar con el cuaderno, practicando con los colores, con las preguntas, con vocabulario temático, etc.

JUEGOS CON FLASHCARDS

MATERIALES:

◇ Flashcards de la temática que se vaya a trabajar (podemos usar "Quizlet" o "Brainscape").

◇ Plastificadora y plásticos.

◇ Tijeras.

DESARROLLO:

Stop: el docente dice una palabra y comienza a pasar las flashcards de esa temática sin parar, hasta que vean la que corresponden a la palabra que ha dicho y entonces los alumnos dicen: "¡Stop!".

Got it! (la cogí): se van dejando flashcards por diferentes lugares del aula, para luego formar grupos. El docente dirá una palabra de las flashcards, y el primero/a que la encuentre dirá "*Got it!* (la cogí)".

Catching the flashcards (Atrapando las *flashcards*): Se organizan grupos y se le da a cada componente un matamoscas o palo largo con mano. Se colocan por toda la pizarra las flashcards, el docente dice una palabra y ellos tienen que tocarla. Cada vez se dicen las palabras más rápido hasta que se eliminen todos menos uno que será el ganador/a.

Birds of a Feather Flock Together (Cada oveja con su pareja): Unas *flashcards* son con dibujos y otras con palabras. Se reparten a la mitad de la clase con dibujos y a la otra mitad con palabras. Entonces se tienen que encontrar por ellos mismos.

PIZARRAS MÁGICAS

MATERIALES:

◇ Folios con un marco (pueden ser de colores).

◇ Plastificadora y plásticos.

◇ Rotuladores de pizarra.

◇ Borrador o toallita.

DESARROLLO:

Se imprimen los folios con marcos, se recortan y se plastifican. Se reparte una pizarra a cada alumno/a junto con un rotulador y un borrador o toallita. El docente dice una oración en español y el alumnado la escribe en la pizarra. Quién antes lo haga correctamente se lleva un punto. También se puede realizar diciendo la oración afirmativa para que ellos/as la escriban en forma negativa, o simplemente decir una palabra y que la dibujen, etc.

YO TENGO..., ¿QUIÉN TIENE...?

MATERIALES:

◇ Tarjetas de "Yo tengo..., ¿quién tiene...?"

◇ Plastificadora y plásticos.

◇ Tijeras.

DESARROLLO:

Se imprimen las tarjetas, se plastifican y se recortan. Se reparte una a cada alumno/a. Por ejemplo, comienza el docente diciendo: «Yo tengo el estuche, ¿quién tiene las tijeras?», el alumno/a que tienes las tijeras dice: «yo tengo las tijeras, ¿quién tiene los rotuladores?», y así sucesivamente. Es una buena forma de practicar el vocabulario aprendido.

LA NEGACIÓN ENCANTADA

MATERIALES:

◇ Fichas de la negación con la temática de Halloween.

◇ Fundas de plástico.

◇ Rotuladores de pizarra.

◇ Borrador o toallita.

DESARROLLO:

Se imprimen las fichas y se colocan en la funda de plástico. Se le reparte al alumnado individualmente, por parejas o por grupos para que realicen la ficha reutilizable con el rotulador de pizarra.

LA NÉGATION HANTÉE

LE SUJET + NE + LE VERBE + PAS DE + DES COMPLÉMENTS

JE SUIS UN SQUELETTE

JE NE SUIS PAS UN SQUELETTE

J' AI PRIS DES BONBONS

JE N' AI PRIS PAS DE BONBONS

R.I.P

EL PERSONAJE MISTERIOSO

MATERIALES:

◇ Panel de niño y panel de niña.

◇ Diferentes dibujos de ropa.

◇ Tarjetas con disfraces.

◇ Plastificadora y plásticos.

◇ Tijeras.

◇ Velcros adhesivos redondos pequeños.

DESARROLLO:

Se imprimen los paneles, dibujos y tarjetas y se plastifican y recortan. Se pone velcro a cada parte del niño y la niña y a la ropa. Una vez que tenemos el material listo, se barajan las cartas y un alumno/a al azar saca una. Según el personaje que le haya tocado, así tendrá que vestir al niño o niña. Esta actividad se puede realizar cuando se está viendo el vocabulario de la ropa o cuando es el carnaval.

Le personnage mystérieux

CUADERNO DE LAS EMOCIONES

MATERIALES:

◇ Fichas de las emociones con diferentes actividades para rodear, escribir o unir con flechas.

◇ Plastificadora y plásticos.

◇ Tijeras.

◇ Máquina de hacer agujeros.

◇ Anillas.

◇ Rotulador de pizarra.

◇ Borrador o toallita.

DESARROLLO:

Se imprimen las fichas del cuaderno y se plastifican recortando las puntas. Se le hacen los agujeros correspondientes y se les ponen las anillas. El alumnado individualmente, en parejas o en grupos, podrá practicar el vocabulario de las emociones con su rotulador de pizarra tantas veces como quieran.

CALENDARIO

MATERIALES:

◇ Ficha del calendario en DIN-A3.

◇ Rotuladores de pizarra.

◇ Borrador o toallita.

DESARROLLO:

Se imprime en DIN-A3 el calendario y se plastifica. Se coloca en el corcho o pared.

Cada día un alumno/a, por orden de lista, tendrá que ir hacia el calendario y escribir la fecha, rodear el tiempo que hace y la estación del año en la que están. Es bueno usarlo como rutina, ya que, de esa forma, retendrán mejor ese vocabulario específico que se usa constantemente.

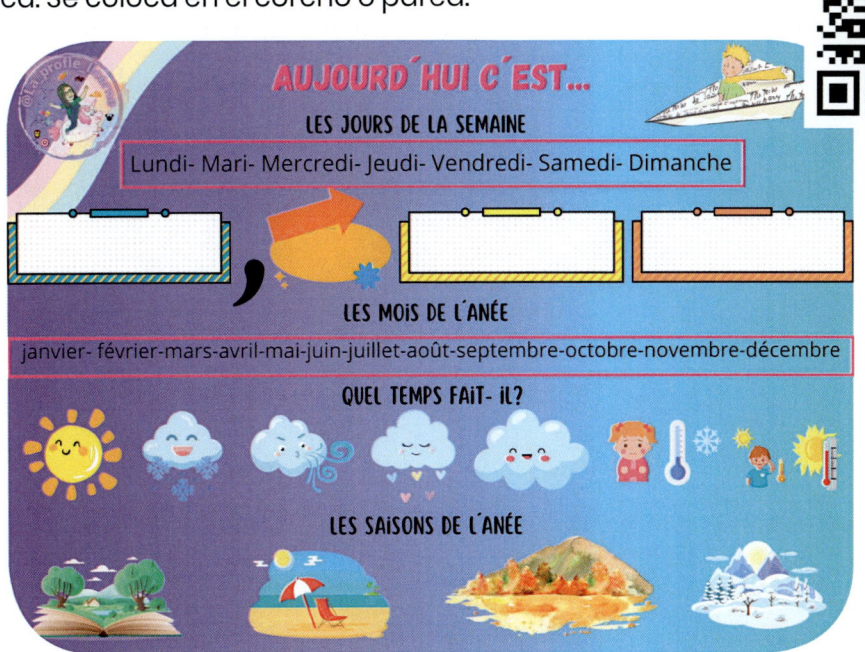

CAPÍTULO 6

DESPIERTA LA IMAGINACIÓN A TRAVÉS DE LA CREATIVIDAD

Muchas veces he oído decir a mis niños que no saben dibujar, que no se les da bien, que son muy torpes para las manualidades, que para hacerlo bien hay que nacer con ese don que no es algo que puedan forzar, etc. En mi opinión, eso es el resultado de niños que no están motivados para hacerlo o no se le dan las herramientas adecuadas para que lo hagan obteniendo un buen resultado.

Por ejemplo, al realizar un cuadro de pintura acrílica pueden pensar: pero si no sé ni dibujar en papel..., ¿cómo voy a saber pintar un cuadro? Si se le dan instrucciones, paso a paso, verán que, aunque el resultado no sea igual que el de la persona que tienen al lado, puede ser algo parecido y que se ve genial a la vista de todo el mundo. Lo primero que hay que enseñarles es a valorar cada obra de arte que realizan, ya sea dibujando, pintando o modelando.

No se trata solo de garabatear en hojas de papel, sino de explorar un universo lleno de formas, colores y texturas. La educación plástica nos enseña a expresarnos de maneras que las palabras a veces no pueden. Es como hablar un idioma de colores y formas que dejan volar tu imaginación.

Pero ahora, imagina si además de eso podemos tocar, sentir y jugar con lo que estamos creando. ¡Ahí es donde entran en escena los recursos manipulativos e interactivos! No solo estamos hablando de dibujar, estamos hablando de modelar con plastilina, de construir cosas con papel y cartón, de dar vida a ideas locas y divertidas.

Con estos recursos, la educación plástica se convierte en un lugar donde la imaginación no tiene límites y cada día es una nueva oportunidad para crear algo único. Ya no es solo aprender sobre arte, es vivirlo. ¡Es como tener un estudio de arte propio en el aula!

A continuación, veremos varios recursos que podremos realizar con diferentes técnicas.

PIZARRAS MÁGICAS PARA TIZA LÍQUIDA

MATERIALES:

◇ Folios de colores.

◇ Contornos de frutas, nubes, batidos, o las figuras que se deseen.

◇ Plastificadora y plásticos.

◇ Máquina de hacer agujeros.

◇ Anillas.

◇ Rotulador de tiza líquida.

DESARROLLO:

Primero diseñamos las pizarras con el contorno del objeto que deseemos (frutas, bebidas, etc.). Después los imprimiremos en folios de colores, asignando cada forma a un color distinto. Luego recortaremos los objetos y varias formas iguales (pero ya sin contorno impreso) del mismo color y lo plastificamos. A continuación, le hacemos uno o dos agujeros (según la preferencia) y le colocamos las anillas. Una vez hechas las pizarras mágicas, ya solo queda que los niños/as experimenten con ellas con sus rotuladores de tiza líquida, dibujando, escribiendo y borrando para volver a utilizar. Es una manera sencilla, fácil, rápida y divertida de fomentar su creatividad y sacar todo el potencial que llevan dentro.

ÁRBOL DE HUELLAS

MATERIALES:

◇ Diseño de un árbol sin hojas (tronco y ramas).

◇ Tinta para los dedos de colores o pintura de dedos.

◇ Lápices de colores, rotuladores, ceras, etc.

◇ Lápiz y goma.

◇ Bolígrafos de colores.

DESARROLLO:

Primero diseñaremos el árbol que deseemos que realicen nuestro alumnado, pudiendo colocar otros elementos alrededor que compaginen con el paisaje tales como columpios, pájaros, nubes, etc. Después imprimiremos el diseño y se lo repartiremos al alumnado/a. Ellos/as podrán personalizarlo dibujando elementos, coloreando a su gusto, etc. Y, por último, cada uno/a de sus compañeros/as, además del docente, elegirán un color de tinta o pintura de dedos, mojarán bien su dedo índice, e irán poniendo en cada árbol (en el mismo lugar siempre al poder ser) su huella y al lado plasmarán su firma con el bolígrafo del color que más les guste. Es un bonito recuerdo que podrán guardar para toda la vida y que les encanta con el que fomentan su creatividad, imaginación, respeto hacia los demás y al propio material.

FOLDABLES LOCOS

MATERIALES:

◇ Plantillas de foldables de cabezas de animales o personas.

◇ Lápices de colores, rotuladores, ceras, etc.

◇ Tijeras.

◇ Pegamento.

DESARROLLO:

Comenzamos imprimiendo las plantillas que deseemos de cabezas de animales o de personas, donde en el centro se ve el fondo de sus bocas en profundidad. Después, se colorea al gusto de cada uno/a. Luego, se recorta. A continuación, se dobla de tal forma que se vea la cabeza de animal o de persona y al abrirlo se vea la profundidad de su boca como si la abriera y la cerrara. Por último, se pega donde queramos (cuaderno, mural, etc.). Esta actividad es super divertida y se puede usar, además de para fomentar la crea-

tividad e imaginación e incentivar su motivación, para otras cosas como los hábitos saludables (lavarse los dientes) poniéndole un cepillo al lado para que crean el hábito a través del dibujo.

MARCAPÁGINAS

MATERIALES:

◇ Plantillas de marcapáginas.

◇ Lápiz y goma.

◇ Bolígrafo.

◇ Lápices de colores, rotuladores, ceras, etc.

◇ Tijeras.

◇ Plastificadora y plásticos (opcional).

DESARROLLO:

Primero tenemos que imprimir la plantilla que deseemos usar como marcapáginas. Después, el alumnado dibujará lo que más le guste y escribirá una frase que le inspire para leer. Luego colorearán y decorarán a su gusto el marcapáginas. A continuación, lo recortarán y se lo entregarán al docente. Y, por último, se plastificará y se volverá a recortar. Otra forma sería usar las plantillas de los marcapáginas como foldables para que, al doblarlos, se quede la imagen unida fuera del libro y el doblez dentro, ¡y ya tendremos listos nuestros marcapáginas para usar con el libro de lectura!

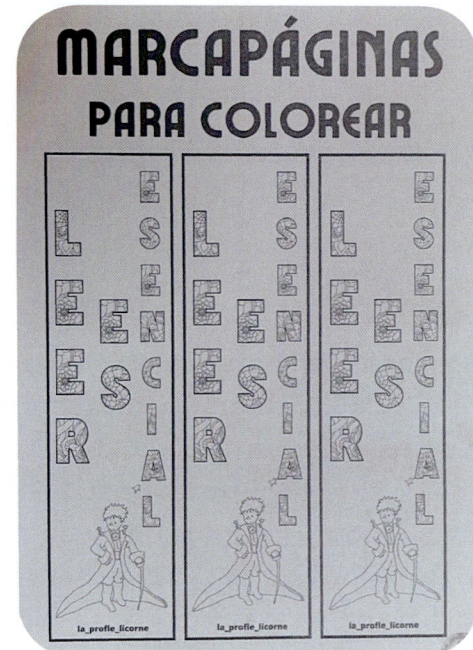

"COMECOCOS"

MATERIALES:

◇ Plantilla de "Comecocos"

◇ Lápices de colores, rotuladores, ceras, etc.

◇ Tijeras.

DESARROLLO:

Comenzamos imprimiendo la plantilla del "Comecocos", continuaremos coloreándolo, lo recortaremos y, por último, lo doblaremos con las indicaciones del maestro/a. ¡Ya estará listo para jugar! Es una buena actividad para aprender vocabulario jugando.

"CARIÑOGRAMA"

MATERIALES:

◇ Caja de zapatos.

◇ Papel de color para envolver (opcional).

◇ Lápiz y goma.

◇ Bolígrafo.

◇ Lápices de colores, rotuladores, ceras, pinturas, etc.

◇ Tijeras.

◇ Pegatinas o dibujos para imprimir.

DESARROLLO:

Comenzaremos forrando o pintando nuestra caja de zapatos. Continuaremos imprimiendo pegatinas o dibujos para decorar a nuestro gusto la caja. Pondremos las letras de "Cariñograma" en el lado que deseemos y a otro lado nuestro nombre, el curso o lo que se nos ocurra. Haremos una pequeña abertura en la tapa con las tijeras como si de una hucha se tratase. Una vez tengamos listas todas nuestras cajas, las colocaremos una al lado de otra en un rincón del aula que esté visible y justo encima colocaremos las letras de "Cariñograma" para marcar nuestro rincón. La actividad consiste en introducir al resto de compañeros palabras o frases bonitas o de ánimo, dibujos, etc. Durante toda la semana, o cuando esta finalice, cada alumno/a abrirá su caja y descubrirá todos los mensajes positivos que ha recibido de sus compañeros/as. Podemos decirles que elijan la nota que más le haya gustado para leérsela al resto de la clase. El docente también puede tener su propia caja e introducir notas positivas cada semana. Una variante de la caja de zapatos podría ser realizarlo con sobres sobre un mural y pegarlo en una pared de la clase. Que cada alumno/a ponga su nombre en un sobre y lo decore y al final la actividad sería igual, introduciendo notas positivas. Esta actividad viene muy bien para la cohesión del grupo, la mejora de la autoestima y el fomento de la creatividad, además de incentivar la motivación.

PAPIROFLEXIA

MATERIALES:

◇ Papeles de colores de tamaño cuadrado a poder ser.

◇ Tijeras (por si el papel es de mayor tamaño).

◇ Plantillas o vídeos del paso a paso.

◇ Ordenadores o Tabletas.

◇ Pantalla digital u ordenador del maestro/a.

DESARROLLO:

Primero daremos a cada alumno un folio del color que elijan. Después lo recortarán para que se quede en tamaño de cuadrado. Luego reproduciremos el vídeo en la pantalla digital/ordenador del docente para que puedan ir doblando el papel paso a paso y conseguir la figura deseada. También podemos proporcionarles unas plantillas para que ellos experimenten solos el paso a paso a su ritmo,

según las características del alumnado y sus necesidades. Esta actividad es una de las más atrayentes para el alumnado debido a que aumenta su poder de concentración y su motricidad fina, además de fomentar la motivación.

CUADROS CON DIFERENTES TÉCNICAS

MATERIALES:

◇ Plantilla de los cuadros.

◇ Lápices de colores, rotuladores o ceras.

◇ Pintura de dedos.

◇ Papeles varios: de seda, cartulina, celofán, etc.

◇ Plastilina.

◇ Pegamento de barra y cola.

◇ Tijeras.

◇ Regla.

◇ Pincel.

◇ Y todo aquel material que se quiera usar.

DESARROLLO:

Se trata de imprimir las plantillas para hacer el mismo cuadro con diferentes técnicas artísticas que vamos a detallar a continuación:

◇ Técnica del puntillismo: con rotuladores de distintos colores, aplicar trazos continuos de color utilizando pequeñas pinceladas o puntos diminutos que, al observarse desde cierta distancia, se fusionan ópticamente para formar tonalidades y matices.

◇ Técnica del rallado: es un método artístico que implica el uso de líneas paralelas o entrecruzadas para crear texturas y sombras. Esta técnica se aplica comúnmente con lápices, tizas, plumas o cualquier otro instrumento que permita realizar trazos lineales.

◇ Técnica de la plastilina: La plastilina puede aplicarse en capas para resaltar ciertas áreas del dibujo o utilizarse para modelar elementos que salen del plano del papel. Además, la combinación de técnicas permite fusionar la libertad creativa de la escultura con la precisión del dibujo. Hay que extenderla lo máximo posible para que, posteriormente, el cuadro no pese demasiado y, por último, echarle una fina capa de cola para que endurezca.

◇ Técnica del mosaico: se cortan trozos de cartulina de diferentes colores y tamaños que se aplican sobre áreas específicas del dibujo. Estos fragmentos de cartulina se disponen de manera que encajen como un mosaico, creando un efecto visual de textura y color en relieve.

◇ Técnica del collage: Agrega dimensión a tu dibujo utilizando recortes de revistas, papeles decorativos o incluso fotografías. El collage permite mezclar texturas y colores de una manera única y creativa.

◇ Técnica de la acuarela: Las acuarelas son ideales para añadir color a tu cuadro. Puedes crear capas de colores translúcidos y mezclar tonalidades para lograr efectos vibrantes. Aprender a controlar la cantidad de agua es clave para crear diferentes intensidades de color.

◇ Técnica del sombreado y difuminado: Utiliza lápices de diferentes tonalidades para crear sombras y realzar volúmenes en tu dibujo. Difumina suavemente con un dedo, difuminador o papel tissue para lograr transiciones suaves entre luces y sombras.

◇ Técnica del coloreado: Experimenta con capas de colores utilizando lápices de colores. Puedes aplicar diferentes presiones para variar la intensidad y mezclar colores para obtener transiciones suaves.

◇ Técnica de las tizas: Las tizas pastel permiten agregar texturas y capas de color rápidas. Puedes difuminarlas con los dedos para suavizar bordes y crear efectos de atmósfera.

DIBUJANDO CON COORDENADAS

MATERIALES:

◇ Plantilla de cuadrícula con números en el lado horizontal y letras en el vertical o, al revés.

◇ Plantillas de cuadrículas con dibujos ya hechos.

◇ Lápices de colores, rotuladores o ceras.

DESARROLLO:

Primero, imprimimos la plantilla. A continuación, repartimos una a cada alumno/a. Por último, el docente, en base a las plantillas ya hechas de dibujos, escogerá uno e irá dando indicaciones de coordenadas al alumnado. Por ejemplo, todo el mundo coge el color rojo y, seguidamente, se van diciendo las coordenadas, A3, y todo el mundo colorea ese cuadro con el color rojo, y así sucesivamente hasta acabar el dibujo. Esta actividad crea curiosidad al alumnado y les da ganas de continuar para saber cuál es el personaje que se esconde detrás de esas cuadrículas.

ANUARIO

MATERIALES:

- Cuadernillo de plantillas para el anuario.
- Fotos de toda la clase (pueden ser fotocopias).
- Pegamento.
- Lápiz y goma.
- Bolígrafo.
- Lápices de colores, rotuladores o ceras.
- Máquina de hacer agujeros.
- Anillas.
- Plástico DIN-A4 para la portada.
- Cartulina para la portada.

DESARROLLO:

Primero se imprime el cuadernillo y se reparte uno para cada alumno/a. A continuación, el alumnado rellenará todos y cada uno de los apartados del anuario a bolígrafo, además de dibujar y colorear cuando sea necesario. Posteriormente, pegarán la portada en una cartulina. Después, pegarán las fotos que elijan en el apartado correspondiente. Luego, realizarán los agujeros con la máquina de hacer agujeros y meterán las anillas. Por último, se intercambiarán los anuarios entre todos los miembros de clase para dedicárselos unos/as a otros/as, e incluso pueden dedicárselo los docentes.

¿QUÉ TE SUGIERE LA HISTORIA?

MATERIALES:

◇ Plantilla de historias.

◇ Lápiz y goma.

◇ Lápices de colores, rotuladores o ceras.

◇ Papel continuo.

DESARROLLO:

Comenzamos eligiendo la plantilla que deseamos y la imprimiremos. Continuamos entregándole una a cada alumno/a. Después ellos/as tendrán que leer la historia y dibujar qué sienten a raíz de conocerla, qué les transmite y plasmarlo en el hueco dado. Por último, el alumnado colgará sus fichas en un mural y, de esa manera, podremos observar cómo de una misma historia podemos tener diferentes aspectos, dependiendo de quién sea la persona que la lea y qué es lo que le hace sentir al hacerlo.

PEGATINAS CASERAS

MATERIALES:

◇ Plantillas para las pegatinas.

◇ Folios de colores o blancos.

◇ Tijeras.

◇ Cinta adhesiva normal.

◇ Cinta adhesiva de doble cara.

◇ Lápiz y goma.

◇ Lápices de colores, rotuladores o ceras.

DESARROLLO:

Primero podemos imprimir las plantillas para hacer las pegatinas o dibujar las nuestras propias, dependiendo de las características del alumnado. A continuación, coloreamos los dibujos. Después, recortamos los dibujos. Luego cubrimos el dibujo con cinta adhesiva. Por último, colocaremos cinta adhesiva de doble cara por la parte de abajo, para que de esta forma tengamos listas nues-

tras pegatinas para decorar los cuadernos, trabajos, etc.

PUZLES DIVERTIDOS

MATERIALES:

◇ Plantillas de dibujos para puzles.

◇ Folios para crear nuestra propia plantilla.

◇ Tijeras.

◇ Cinta adhesiva.

◇ Lápiz y goma.

◇ Lápices de colores, rotuladores o ceras.

◇ Palos de madera o cartulinas de colores.

DESARROLLO:

Primero, imprimemos las plantillas para realizar los puzles o crearemos las nuestras propias. A continuación, colorearemos dichas plantillas. Seguidamente, las colocaremos encima de la cartulina (con ayuda de la página web "puzzel.org") o los palos de colores (dependiendo del nivel del alumnado). Después, colocaremos

cinta adhesiva por encima del puzle y lo cortaremos para tenerlo listo para jugar.

CONTORNOS COLORIDOS

MATERIALES:

- ◇ Plantillas de diferentes dibujos.
- ◇ Cartulina negra o gris oscura.
- ◇ Lápiz y goma.
- ◇ Tizas de colores.
- ◇ Tijeras.
- ◇ Papel continuo.

DESARROLLO:

Primero, imprimiremos las plantillas. Después, recortaremos los dibujos. Luego, marcaremos esos dibujos con un lápiz sobre la cartulina. Por último, cogeremos varias tizas de colores y pintaremos desde el contorno de la figura creada hacia fuera, como si de rayos de colores se tratasen. Se podrá colocar cada obra de arte en un papel continuo en un rincón de la clase.

"TRIORAMA"

MATERIALES:

◇ Plantillas del "triorama".

◇ Folios blancos o de colores para realizar su propio triorama.

◇ Lápiz y goma.

◇ Lápices de colores, rotuladores o ceras.

◇ Tijeras.

◇ Pegamento.

DESARROLLO:

Comenzamos imprimiendo las plantillas o realizando las nuestras propias. Continuamos coloreando las plantillas a nuestro gusto. Después, recortaremos las plantillas desde una punta de la plantilla hasta el centro. Luego, lo doblamos y lo pegamos. Por último, pegamos los unos con los otros y ya estaría listo.

Es super visual y perfecto para crear entornos temáticos y aprender a través de la manipulación.

AGRADECIMIENTOS

Quiero agradecer en primer lugar a mi hijo, "Mon petit prince" Pablo, las horas que le "quito" a él para poder dar más de mí en mi gran pasión que es mi trabajo y que, aún así, siempre tiene una sonrisa que me ilumina en cada momento. A mi marido, Jesús, que es mi paz, mi concentración, que me apoya incondicionalmente siempre pase lo que pase. Al pilar de mi vida, mi madre, por haberme marcado el buen camino y ser esa madre coraje que da todo por los suyos. A mis 3 hermanas, en especial a Irene, mi ejemplo a seguir en la vida, siempre fuerte, valiente y luchadora. A mi familia en general y a esa estrella fugaz que me acompaña siempre, mi Lela.

A mis amig@s de siempre por estar ahí en todo momento y a los que me he ido encontrando en este largo camino de la educación, tanto por tierras gaditanas como por las Almerienses, son una de las cosas más bonitas que da esta profesión.

A Doña Dolores, que fue la primera que creyó en mí en primaria y a tantos maestr@s que me han hecho ver los diferentes puntos de vista que se pueden tener y a escoger el camino que quieres seguir.

A mis compañeros/as, tan importante en el día a día, que reconfortan cuando más falta hace y que alegran las mañanas y algunas tardes con un simple gesto.

Por supuesto, no puedo dejar de mencionar a mi piña, mis niños/as, que son el motor que me mueve en este mundo, que me enseñan más de lo que nadie puede imaginar y que son capaces de todo, hasta de emocionarme.

Y, por último a la editorial Sar Aljandría por confiar en mí y dejar que logre otro sueño más en el camino.